羊與貓的旅行

看見
國語課堂
教學的新風景

楊裕貿————著

五南圖書出版公司 印行

　　1992年自臺中師院結業、畢業，已逾三十年，感謝學校的栽培，讓我在中教大學習成長、安身立命。特別是語文教育學系及教育學系師長給予的滋養，讓我能運用「語文」知識，結合「教育」理論，進而在實踐中整合學理，產出整合語文知識、技能、態度情意的語文素養導向教學成果。

　　學生時期開始，見證了九所師範學院在「語文教育」的蓬勃發展成果。各校的大家師長彼此競合，在聆聽、說話、閱讀、寫作、書法、兒童文學等項目透過一篇篇著述、一場場研討會，為臺灣語文教育的發展，留下重要的資產。2006年起臺灣參加PISA、PIRLS評比，評比結果促使臺灣啟動閱讀教學改革，透過各項閱讀計畫的推動與執行，國語文及其他領域課堂陸續引進閱讀理解策略，對臺灣的語文教學產生重大的影響。再加上不少現場老師成立社群、投入教學實作，並將實踐成果演示或出書分享，由下而上帶動教學現場的轉變，也為臺灣的語文教學帶來新的樣貌。

　　身為語教人，自是希望能為臺灣的語文教育略盡棉薄之力，協助教師整合國語文知識、技能策略，甚至融入數位、AI技術改變課堂教學的風景。語文教育是一門「科學」，在語文上涉及語音、文字、語法、修辭、章法、體裁、國學等面向的涵養；在教育上涉及教育哲學、教育心理學、課程理論與教學模式等學理的探究。語文教育既然是科學，自然可以「執行」與「驗證」，在執行面，運用教育方法，建立可操作的語文項目與策略；在驗證

面，運用所學策略，建立可遷移語文項目（聽—說、讀—說、讀—寫）的學習效益。本書分成「教材」、「教法」兩個篇章，兼顧語文知識與語文技能的理解應用，以落實「語文教育是科學」的教學目標。教材篇主要引導教學者掌握記敘文、抒情文、說明文、議論文、應用文、故事、童詩、兒歌、劇本等文體的特徵；教法篇介紹國語直接教學法（注音符號教學）、混合教學法（閱讀教學）之策略，以利教學者有效落實課文大意、詞語生字、內容深究、形式深究之文體、分段、段意、文本結構，及語言特色之語法與修辭等項目之教學，期盼能協助老師「用課文教知識、教策略、教情意」，達成「教是為了不教」、提升學生「學是為了不學」的理想。

本書的出版，首先要謝謝五南圖書公司楊榮川董事長的邀請，及編輯團隊的幫忙。其次，感謝康軒公司讓我參與、見證了新課綱國語文素養教材編輯的新里程，能與優質的編輯團隊、師長共事，是我的榮幸，公司更授權教材使用，讓本書的示例解說更加完善，在此表達最深的謝意。

一路上陪伴同行的家人、師長、好友，謝謝您們的激勵、鞭策與期盼，讓我有動力完成本書。大家的幫助和提攜，點點滴滴讓我無法忘懷，滿滿的感恩，永銘於心。

雖已成書，但仍有不足或掛一漏萬之處，有待大家斧正，更期盼大家攜手為臺灣的語文教學而努力前行。

楊裕貿謹誌　2024.08.01

自序

教材篇

第 4 章　認識說明文特徵及其教學重點　45

第 5 章　認識議論文特徵及其教學重點　65

第 6 章　認識應用文特徵及其教學重點　86

教法篇

教材篇

教育部於民國107年1月頒布《十二年國民基本教育課程綱要國民中小學暨普通型高級中等學校語文領域——國語文》課綱，揭櫫：「國語文教育從語文能力的培育、文學與文化素質的涵養著手，培養學生表情達意、解決問題與反省思辨的能力。經由國語文教育幫助學生習得現代公民所需之聆聽、口語表達、標音符號與運用、識字與寫字、閱讀、寫作的能力，藉由各類文本的閱讀欣賞與創作，激發創意，開拓生活視野，培養反省、思辨與批判的能力，健全人我關係，體會生命意義，理解並尊重多元文化，關懷當代環境，開展國際視野。」之課程理念（教育部，2018a）。

同時，依據課程理念，提出八項課程目標（教育部，2018a）：

一、學習國語文知識，運用恰當文字語彙，抒發情感，表達意見。

二、結合國語文與科技資訊，進行跨領域探索，發展自學能力，奠定終身學習的基礎。

三、運用國語文分享經驗、溝通意見，建立良好人際關係，有效處理人生課題。

四、閱讀各類文本，提升理解和思辨的能力，激發創作潛能。

五、欣賞與評析文本，加強審美與感知的素養。

六、經由閱讀，印證現實生活，學習觀察社會，理解並尊重多元文化，增進族群互動。

七、透過國語文學習，認識個人與社群的關係，體會文化傳承與生命意義的開展。

八、藉由國語文學習，關切本土與全球議題，拓展國際視野，培養參與公共事務的熱情與能力。

新課綱強調素養教學，因此國語文課綱依循《十二年國民基本教育課程綱要總綱》（教育部，2014）核心素養三面九項之具體內涵，結合國語文之基本理念與課程目標，在國民小學教育階段，訂定國語文核心素養之具體內涵，如下表（教育部，2018a）：

國語文課綱連結，請掃描

總綱核心素養面向	總綱核心素養項目	總綱核心素養項目說明	國民小學教育（E）國語文核心素養具體內涵
A 自主 行動	A1 身心素質與自我精進	具備身心健全發展的素質，擁有合宜的人性觀與自我觀，同時透過選擇、分析與運用新知，有效規劃生涯發展，探尋生命意義，並不斷自我精進，追求至善。	**國-E-A1** 認識國語文的重要性，培養國語文的興趣，能運用國語文認識自我、表現自我，奠定終身學習的基礎。

總綱核心素養面向	總綱核心素養項目	總綱核心素養項目說明	國民小學教育（E）國語文核心素養具體內涵
A 自主行動	A2 系統思考與解決問題	具備問題理解、思辨分析、推理批判的系統思考與後設思考素養，並能行動與反思，以有效處理及解決生活、生命問題。	**國-E-A2** 透過國語文學習，掌握文本要旨、發展學習及解決問題策略、初探邏輯思維，並透過體驗與實踐，處理日常生活問題。
	A3 規劃執行與創新應變	具備規劃及執行計畫的能力，並試探與發展多元專業知能、充實生活經驗，發揮創新精神，以因應社會變遷、增進個人的彈性適應力。	**國-E-A3** 運用國語文充實生活經驗，學習有步驟的規劃活動和解決問題，並探索多元知能，培養創新精神，以增進生活適應力。
B 溝通互動	B1 符號運用與溝通表達	具備理解及使用語言、文字、數理、肢體及藝術等各種符號進行表達、溝通及互動，並能了解與同理他人，應用在日常生活及工作上。	**國-E-B1** 理解與運用國語文在日常生活中學習體察他人的感受，並給予適當的回應，以達成溝通及互動的目標。
	B2 科技資訊與媒體素養	具備善用科技、資訊與各類媒體之能力，培養相關倫理及媒體識讀的素養，俾能分析、思辨、批判人與科技、資訊及媒體之關係。	**國-E-B2** 理解網際網路和資訊科技對學習的重要性，藉以擴展語文學習的範疇，並培養審慎使用各類資訊的能力。

羊與貓的旅行 看見國語課堂教學的新風景

總綱核心素養面向	總綱核心素養項目	總綱核心素養項目說明	國民小學教育（E）國語文核心素養具體內涵
B 溝通互動	B3 藝術涵養與美感素養	具備藝術感知、創作與鑑賞能力，體會藝術文化之美，透過生活美學的省思，豐富美感體驗，培養對美善的人事物，進行賞析、建構與分享的態度與能力。	**國-E-B3** 運用多重感官感受文藝之美，體驗生活中的美感事物，並發展藝文創作與欣賞的基本素養。
C 社會參與	C1 道德實踐與公民意識	具備道德實踐的素養，從個人小我到社會公民，循序漸進，養成社會責任感及公民意識，主動關注公共議題並積極參與社會活動，關懷自然生態與人類永續發展，而展現知善、樂善與行善的品德。	**國-E-C1** 閱讀各類文本，從中培養是非判斷的能力，以了解自己與所處社會的關係，培養同理心與責任感，關懷自然生態與增進公民意識。
	C2 人際關係與團隊合作	具備友善的人際情懷及與他人建立良好的互動關係，並發展與人溝通協調、包容異己、社會參與及服務等團隊合作的素養。	**國-E-C2** 與他人互動時，能適切運用語文能力表達個人想法，理解與包容不同意見，樂於參與學校及社區活動，體會團隊合作的重要性。
	C3 多元文化與國際理解	具備自我文化認同的信念，並尊重與欣賞多元文化，積極關心全球議題及國際情勢，且能順應時代脈動與社會需要，發展國際理解、多元文化價值觀與世界和平的胸懷。	**國-E-C3** 閱讀各類文本，培養理解與關心本土及國際事務的基本素養，以認同自我文化，並能包容、尊重與欣賞多元文化。

素養是知識、技能和情意的統整。而語文素養自是語文知識、語文技能和語文情意三項的整合。語文知識是對語文規律和語文學習方法的科學概括與總結，具體可以分成語音、文字、詞彙、語法、修辭、章法、體裁及國學等項目；語文技能是指學習語文須具備的一般技能和特殊技能，一般技能包括：觀察力、想像力、聯想力、思考力、感受力、記憶力等項，特殊技能包括：聆聽力、口語表達力、識字與寫字力、閱讀力、寫作力等項；語文情意在學習情意部分，可從學習的態度、興趣、習慣著手，不過，語文教育應有更高的目標，如透過語文認識歷史文化、土地情感，及陶冶學生高雅的情操、涵養健全的人格等。

國語文課綱的語文知識以Ａ文字篇章、Ｂ文本表述與Ｃ文化內涵三項學習內容呈現，語文技能以1.聆聽、2.口語表達、3.標音符號與運用、4.識字與寫字、5.閱讀、6.寫作六項學習表現呈現，至於語文情意中態度、興趣、習慣等學習情意，則暫落於六項學習表現內，如「6-I-6 培養寫作的興趣。」「6-Ⅱ-8 養成寫作習慣。」「6-Ⅲ-8 建立適切的寫作態度。」學習表現與學習內容統稱學習重點，彙整語文素養與課綱學習重點如下表：

語文知識 （學習內容）	語文技能 （學習表現）	語文情意
A 文字篇章 　Aa 標音符號 　Ab 字詞 　Ac 句段 　Ad 篇章 B 文本表述 　Ba 記敘文本 　Bb 抒情文本 　Bc 說明文本 　Bd 議論文本 　Be 應用文本 C 文化內涵 　Ca 物質文化 　Cb 社群文化 　Cc 精神文化	1. 聆聽 2. 口語表達 3. 標音符號與運用 4. 識字與寫字 5. 閱讀 6. 寫作	1. 學習情意：態度、 　興趣、習慣 2. 人文情意：陶冶情 　操、健全人格

　　進一步以語文知識項目，轉化並提取文字篇章、文本表述、文化內涵三面向學習內容各指標之重點內涵，彙整出三個學習階段的語文知識點，供教學者設計教學與評量：

第一學習階段

標音符號	文字	詞彙	語法	修辭	章法	文體
Aa標音符號	Ab字詞	Ab字詞	Ac句段	(Ab字詞) (Ac句段) (Ad篇章)	Ad篇章	B文本表述
聲符 韻符 介符 聲調標注 拼音： 二拼音 三拼音 結合韻 注音符號讀本	識字量： 1000 用字量： 700 字形： 筆畫名稱 筆順 部首 部件空間 結構 同音字 形近字 字音： 本音 多音字音 形近字音 字義： 本義 衍生義	詞彙量： 1500 用詞量： 1000 詞義： 本義 衍生義	常用標點符號 基本句型： 陳述句 疑問句 感嘆句 祈使句 句子語氣： 陳述語氣 疑問語氣 感嘆語氣 祈使語氣	疊字 譬喻 擬人 摹寫	段落： 自然段 敘述方式： 順敘法	記敘文： 寫人 敘事 狀物 記景 抒情文： 寫人 敘事 狀物 記景 應用文： 日記 書信 卡片 兒歌 童詩 故事

羊與貓的旅行 看見國語課堂教學的新風景

✦ 第二學習階段

標音符號	文字	詞彙	語法	修辭	章法	文體
Aa標音符號	Ab字詞	Ab字詞	Ac句段	(Ab字詞) (Ac句段) (Ad篇章)	Ad篇章	B文本表述
注音符號讀本	識字量： 1800 用字量： 1200 字形： 筆畫名稱 筆順 部首 部件 同音字 形近字 字音： 本音 多音字音 形近字音 部件表音 字義： 本義 衍生義（多義字） 部首表義 字辭典 書法： 文房四寶 書法家故事	詞彙量： 3000 用詞量： 2000 詞義： 本義 衍生義	各種標點符號： 15種 詞類： 實詞 虛詞 詞彙構詞規則 基本句型： 陳述句 疑問句 感嘆句 祈使句 句子語氣： 陳述語氣 疑問語氣 感嘆語氣 祈使語氣 複句： 關聯複句9種	疊字 譬喻 擬人 摹寫 引用 排比	段落： 意義段 篇章結構： 時間結構 事件結構 因果結構 方位結構 並列結構 總分結構 列舉結構 敘述方式： 順敘法 倒敘法 記敘文本結構 抒情文本結構	記敘文： 寫人 敘事 狀物 記景 抒情文： 寫人 敘事 狀物 記景 事物說明文： 寫人 敘事 狀物 記景 應用文： 日記 書信 卡片 便條 海報 啟事 心得報告 兒歌 童詩 故事

教材篇

⭐ 第三學習階段

文字	詞彙	語法	修辭	章法	文體	國學
Ab字詞	Ab字詞	Ac句段	（Ab字詞） （Ac句段） （Ad篇章）	Ad篇章	B文本 表述	C文化 內涵
識字量： 2700 用字量： 2200 字形： 筆畫名稱 筆順 部首 部件 楷書結構 同音字 形近字 字音： 本音 多音字音 形近字音 部件表音 字義： 本義 衍生義 （多義字） 部首表義 數位辭典	詞彙量： 4000 用詞量： 3500 詞義： 本義 衍生義	各種標點 符號： 15種 句型 結構： 敘事句 表態句 有無句 判斷句 複句： 關聯複句 9種	類疊 譬喻 轉化 摹寫 引用 排比 誇飾 設問 映襯 雙關 對偶	段落： 意義段 篇章 結構： 時間結構 事件結構 因果結構 方位結構 並列結構 總分結構 列舉結構 問答結構 比較結構 敘述 方式： 順敘法 倒敘法 說明文本 結構 議論文本 結構	記敘文： 寫人 敘事 狀物 記景 抒情文： 寫人 敘事 狀物 記景 說明文： 事物 （人、 事、物、 景） 事理 議論文： 論人 論事 論物 論景 論理	古典詩 （近體詩）： 五言絕句 七言絕句 五言律詩 七言律詩 古典文

文字	詞彙	語法	修辭	章法	文體	國學
書法： 文房四寶 書法家故事					應用文： 廣告 標語 告示 公約 海報 通知 電子郵件 簡報 讀書報告 演講稿 兒歌 童詩 故事 劇本	

註：「修辭」與Ab字詞、Ac句段、Ad篇章有關。教學要求可參閱：《國語文領綱》「附錄三：語文領域——國語文學習表現之教材編選與教學實施說明」（二）教學實施說明6.寫作（4）能漸進引導學生蒐集材料、審題、立意、選材、安排段落、組織成篇、修改等寫作過程步驟與實踐，並依溝通情境（含數位媒體運用）與對象，恰當運用詞彙、文法修辭與標點符號，積極創作不同類型文章，以達成語文表達的目的（教育部，2018a）。

　　上列各階段語文知識，均以讓學習者知道「是什麼」作重點摘錄，而在語文技能方面，則以讓學習者知道「怎麼做」、「做得出」作重點摘錄。六項語文技能：聆聽、口語表達、標音符號與運用、識字與寫字、閱讀、寫作學習表現各指標之重點內涵，按三個學習階段彙整如下，供教學者參考：

✦ 第一學習階段

1. 聆聽	2. 口語表達	3. 標音符號與運用	4. 識字與寫字	5. 閱讀	6. 寫作
養成聆聽習慣 說出聆聽內容 理解聆聽訊息回應表情與肢體語言	正確發音說出語意完整的話 說出聽聞內容 適當提問、回答與分享想法	認念注音符號 拼讀注音符號 書寫注音符號 注音符號輔助識字 運用注音符號表達與記錄訊息 閱讀注音符號讀物	辨識國字 使用國字 利用部首、部件、造字原理輔助識字 查字典 養成良好書寫姿勢 保持整潔書寫習慣 寫出正確筆形 以正確筆順寫字 掌握運筆原則	適切速率朗讀 說出標點用法 讀懂文本 找出文本訊息與觀點 說出記敘、抒情、應用文的特徵 使用圖像策略理解、重述文本 使用故事結構策略理解、重述文本 使用預測、推論策略找出句段因果關係 使用圖書館	使用標點 會觀察寫作對象 能閱讀文本 能寫出完整句子 能寫出主題明確段落 能仿寫句、段 能接寫句、段 能修改文句錯誤

羊與貓 的旅行　看見國語課堂教學的新風景

★ 第二學習階段

1. 聆聽	2. 口語表達	3. 標音符號與運用	4. 識字與寫字	5. 閱讀	6. 寫作
聆聽對方意見	以清晰語音、適當語速、音量說話	運用注音符號理解生字新詞	辨識國字 使用國字	適切速率朗讀，讀出抑揚頓挫與情感	使用各種標點
聆聽不同媒材播放內容	以適當詞語、語序表達	運用注音符號提升閱讀效能	利用部件擴充識字量	說出各種標點用法	會表達感受
聆聽詩歌、戲劇文本內容說出重點	言之有序、言之有物 對談時適當回應	運用注音符號檢索資訊	查字辭典：查紙本字辭典、查數位字辭典	讀懂文本 說出句子、段落涵義	能運用想像力構思寫作素材
檢核聆聽內容是否切題	樂於討論並提供觀點		分辨多義詞	說出記敘、抒情、說明、應用文的特徵	能運用寫作步驟寫作
理解聆聽內容與情感	有禮貌溝通		分辨形近、音近字詞	使用摘要策略擷取大意	能寫出記敘、應用、事物說明文
聆聽後與對方互動			能使用字義推詞義策略	找出支持文本觀點的理由	
			掌握楷書筆畫、偏旁變化、間架結構要領寫出正確工整硬筆字及毛筆字	使用預測、推論、提問策略理解文本	能仿寫童詩
				覺察閱讀狀況適時調整策略	能改寫句段篇
			說出古今書法家的故事	閱讀多元文本認識議題	能縮句段篇
				參與班級等閱讀社群活動	能擴寫句段篇
					能修改作品

✦ 第三學習階段

1. 聆聽	2. 口語表達	4. 識字與寫字
聆聽他人發言並作記錄	透過觀察、感受、思維積累說話素材	辨識國字 使用國字
聆聽演講、新聞內容的語氣，理解傳達情感，作出回應	能提問、判斷聽聞內容，作出回應	利用字體結構、部件學習字音與字義
檢核聆聽內容是否切題	能運用詞句、說話技巧豐富表達內容	查字辭、成語辭典：擴充詞彙 分辨詞義
判斷聆聽內容合理性，並分辨出事實或意見	能運用語調、表情、肢體輔助口語表達	分辨形近、音近字詞
運用科技提升聆聽效能	能把握說話主題、細節與結構邏輯	掌握偏旁變化、間架結構要領寫出正確工整硬筆字及毛筆字
	結合資訊科技提升表達效能	
	能尊重溝通時的不同意見	

羊與貓 的旅行 看見國語課堂教學的新風景

5. 閱讀	6. 寫作
適切速率朗讀，讀出抑揚頓挫	使用適切標點
說出各種標點用法與表達效果	會運用思考力表達想法
讀懂文本	能運用聯想策略取材
說出客觀事實與主觀意見的不同	能運用寫作步驟寫作寫出段落分明、文題相符的作品
說出記敘、抒情、說明、應用、議論文的特徵	能寫出作品： 記敘文 應用文 事物說明文
使用摘要策略擷取大意	事理說明文
找出支持文本觀點的理由	議論文（談論型、如何型、什麼型、為何型）
能提出觀點、評述文本	童詩 故事
使用自我提問、推論策略推測出文本因果訊息與隱含觀點	能活用各種寫作技巧（仿寫、接寫、改寫、縮寫、擴寫、人稱視角轉換、結構變化、運用修辭等技巧）
因應不同閱讀目的適時調整策略	
依據興趣找閱讀材料	
閱讀多元文本辨識文本議題與觀點	能修改作品、潤飾作品
運用圖書室、科技與網路蒐集、判讀資料，提升閱讀多元文本能力	

課綱是教學的依據、教材編輯的依據，也是評量的依據。本書以國語文課綱之學習重點為核心，按教材、教法兩個主題，依序介紹記敘文、抒情文、說明文、應用文、議論文、故事、詩歌、劇本等教材特徵、備課與教學重點，進而針對混合教學法閱讀教學項目，依序探討全課大意、詞語生字、內容深究、形式深究之文體、分段、段落大意、大綱（結構圖）、語言特色之語法、修辭等項目之教學策略，期望有助於教師、師資生掌握課綱重點、教材特徵及使用適切的教學策略，進而正確、有效地涵養出學生的語文素養。

第 **2** 章 | 認識記敘文特徵及其教學重點

本章主要引導教學者認識國語文課綱中記敘文的學習重點，掌握記敘文的定義（特徵）、要素、類別、人稱，及文本分析方式，以利備課教學。

壹 課綱學習重點

記敘文從第一學習階段開始出現。課綱對記敘文閱讀及寫作的「學習重點」規範如下，為了讓教學者掌握學習表現的內涵，教育部另發行課程手冊，解說各條學習表現的內涵：

✦ 閱讀學習表現

第一學習階段	第二學習階段	第三學習階段
5-I-5 認識簡易的記敘、抒情及應用文本的特徵。	5-II-5 認識記敘、抒情、說明及應用文本的特徵。	（延續第二學習階段內容）

內涵說明 記敘文含人、事、物、景的背景、情節發展、結局等文章架構。

✦ 寫作學習表現

第一學習階段	第二學習階段	第三學習階段
	6-II-4 書寫記敘、應用、說明事物的作品。	（延續第二學習階段內容）

內涵說明 書寫記敘文（如寫人、敘事、狀物、記景等作品）。

⚘ 記敘文學習內容

第一學習階段	第二學習階段	第三學習階段
Ba-I-1 順敘法。	Ba-II-1 記敘文本的結構。 ◎Ba-II-2 順敘與倒敘法。	◎Ba-III-1 順敘與倒敘法。

　　課綱對記敘文閱讀、寫作學習表現及學習內容之規範，主張閱讀並習寫「寫人、記事、狀物、記景」四個類別記敘文。

　　認識記敘文，須要掌握「記敘文特徵」。記敘文的特徵為何？課綱之內涵說明並未提及，對應記敘文之學習內容列出「順敘法」與「倒敘法」兩項，惟順敘法與倒敘法與記敘文並無直接關連，僅是敘述事件的排列方式，反而與「文本結構」有關，顯然誤將順敘、倒敘等同記敘文，後續將作釐清說明。另，內涵說明出現「背景、情節發展、結局等文章架構」也可能是將故事的組成要件誤當作記敘文，針對記敘文與故事的區別，請參見第7章。

貳　定義（特徵）

　　記敘文是以敘述為主要的表達方式，記錄真人真事，表達思想感情的文章。該定義涉及「表達方式（敘述）」、「真人真事」及「思想感情」三個重點，說明如下：

一　表達方式

表達方式是表述特定內容所使用的寫作方式，分成敘述（或記敘）、描寫、說明、議論、抒情五種：

（一）「敘述」是對人物的經歷或事物的發展作概括的陳述，如：今天傍晚，媽媽帶我到高美濕地看夕陽。

當敘述的內容超過一件以上的事件，就涉及排列、組織這些事件的問題，常見的組織方式有順敘、倒敘、插敘、補敘及散敘等五種。簡述如下：

1. 順敘：將事件發展的先後，依序排列內容。

2. 倒敘：將事件結果或最精采的片段移到開頭敘寫，再接回事件的開始，依序陳述。

3. 插敘：在敘寫的時空下，插入「過去時空」發生的事件，再回到當下時空敘寫內容。

4. 補敘：在事件敘寫結束後，補充未言明的內容。

5. 散敘：將個別不同的事件並列成篇。

國小階段主要教導學生學習順敘與倒敘組織之文章。第一學習階段，可以運用課文講解事件的「開始、經過、結果」或「原因、經過、結果」之順敘結構。以康軒二上第五課〈水上木偶戲〉為例：

課文	各段事件順序
水上木偶戲 　今年，我們陪媽媽回她的家鄉——越南，過了一個不一樣的暑假。	開始：陪媽媽回越南家鄉
到了外公家，大家一一問好後，外公帶我們去看水上木偶戲。一陣音樂聲中，一個個木偶，慢慢的從水池上的簾子裡走出來，一個人後面跟著一頭牛，旁邊還有兩隻天鵝，在池子裡戲水。「沒想到木偶可以在水池中演出，真是太神奇了！」我一邊拍手，一邊叫好。	經過：觀看水上木偶戲
外公要我看看簾子後面。啊！原來是有人站在水中，手裡拿著長竿，長竿的前頭就是木偶。媽媽說：「越南很多地方都有池塘和水田，人們有空時，會演出水上木偶戲，大家一起同樂。」	經過：觀看簾後的木偶操作
這是我第一次到越南過暑假，還看了水上木偶戲。我跟家人一起享受了快樂的時光，也更認識媽媽的家鄉。	結果：認識媽媽的家鄉

　　第二學習階段開始，可以先複習以順敘法結構的課文，並加入介紹倒敘手法的課文。以康軒四上第三課〈我的籃球夢〉示例，該篇文章首段先以「『ㄕㄨㄚ——』空心進籃！全場歡聲四起，這一刻，大家都在為我喝采，真有說不出的成就感。」寫出主角參加籃球社，在比賽的關鍵時刻，投球進籃的精彩內容開場。接著，第二段回到事件開始「參加籃球社」，第三段經過「初次站上球場」，第四段經過「練習運球與投

籃」，第五段經過「參加比賽登場」，第六段「出手投籃」。學生了解倒敘特色後，可以再請學生改以順敘方式重組文章內容，並以對照方式，比較兩種寫作手法的異同。後續寫作教學時，可以引導學生運用倒敘法寫作文章。

倒敘	順敘

我的籃球夢

「ㄕㄨㄚ──」空心進籃！全場歡聲四起，這一刻，大家都在為我喝采，真有說不出的成就感。

「走，一起去報名籃球社。」還記得剛開學時，在同學的邀約下，就算是運動神經不好的我，也決定勇敢踏出第一步，和好友一起加入籃球社。我們都夢想著，有朝一日能成為球場上的風雲人物。

初次站在球場上的我，覺得籃球架像一座遙不可及的高山，一看就讓人覺得害怕。此外，我也不知道要怎麼做才能將球投進。學長都為我打氣說：「熟能生巧，只要努力多練習，就一定會進步。」

「一、二、三、ㄅㄧ──」隨著教練的口令，我們開始學運球。奇怪的是，球總是不好好的待在我的手下，好幾次還反彈飛撞我的下巴。但是為了實現夢想，我總是最早到球場練習。漸漸的，球終於接受我雙手的「指揮」，跳出迷人的

我的籃球夢

「走，一起去報名籃球社。」還記得剛開學時，在同學的邀約下，就算是運動神經不好的我，也決定勇敢踏出第一步，和好友一起加入籃球社。我們都夢想著，有朝一日能成為球場上的風雲人物。

初次站在球場上的我，覺得籃球架像一座遙不可及的高山，一看就讓人覺得害怕。此外，我也不知道要怎麼做才能將球投進。學長都為我打氣說：「熟能生巧，只要努力多練習，就一定會進步。」

「一、二、三、ㄅㄧ──」隨著教練的口令，我們開始學運球。奇怪的是，球總是不好好的待在我的手下，好幾次還反彈飛撞我的下巴。但是為了實現夢想，我總是最早到球場練習。漸漸的，球終於接受我雙手的「指揮」，跳出迷人的舞姿。我享受著運動帶來的喜悅，每當投球進籃時，場邊的歡呼都讓我興奮不已。

「加油！加油！」此時，

舞姿。我享受著運動帶來的喜悅，每當投球進籃時，場邊的歡呼都讓我興奮不已。

「加油！加油！」此時，熱鬧的加油聲此起彼落，球場上，每個人都努力展現出平日練習的成果。雙方實力平分秋色，在比賽結束前五秒，我帶著緊張的心情上場，同伴拍拍我的肩膀說：「你可以的，加油！」而我也相信自己做得到。

忘記周圍的喧鬧，世界變得一片安靜。我用力吸了一口氣，將手中的籃球以優美的弧線拋出……。

熱鬧的加油聲此起彼落，球場上，每個人都努力展現出平日練習的成果。雙方實力平分秋色，在比賽結束前五秒，我帶著緊張的心情上場，同伴拍拍我的肩膀說：「你可以的，加油！」而我也相信自己做得到。

忘記周圍的喧鬧，世界變得一片安靜。我用力吸了一口氣，將手中的籃球以優美的弧線拋出……。

「ㄕㄨㄚ——」空心進籃！全場歡聲四起，這一刻，大家都在為我喝采，真有說不出的成就感。

（二）「描寫」是運用生動的語言，對人、事、物、景作具體、細緻刻劃，如：水平線上，輝煌的落日用千萬枝光箭，射穿了天際，於是，雲便燃燒起來；波光粼粼的大海，被染得紅艷艷的，波浪泛著亮晃晃的霞光。

（三）「說明」對人、事、物、景、理的特徵、屬性作如實的解說，如：高美濕地位於清水大甲溪出海口南側，面積廣達701.3公頃，擁有豐富的天然資源，是國內少數幾處雁鴨集體繁殖區之一。

（四）「議論」是對人、事、物、景、理提出個人的主張或觀點，如：高美濕地周邊交通動線和海堤堤腳設計，皆須重新檢驗，朝向生態友善工程的角度規劃，以達野生動物保護區的設置理念和目的。

羊與貓的旅行　看見國語課堂教學的新風景

（五）「抒情」是對人、事、物、景抒發個人的情感，如：基隆的古炮對著碧藍的大海，回想當年奮勇禦敵，攻無不克、戰無不勝，如今，炮身斑駁、砲口鏽蝕，不免有物景依舊、人事全非的感慨吧！

一篇文章，最多會使用上述五種表達方式寫作。以記敘文而言，至少會使用「敘述」、「描寫」、「抒情」等三種表達方式寫作。

▣ 真人真事

真實性，是記敘文在內容上的一個根本特徵，所反應的都是現實生活中活生生的人物和真實確鑿的事件（朱艷英，1994）。所謂真實，基本上是寫「作者眼中」的真實，亦即是作者透過觀察，或與寫作對象互動後，所留下「自覺的」真實。這些真實事件，可以運用順敘、倒敘、插敘、補敘等敘述方式加以組織，或者運用時間、事件、因果、方位、總分、並列等常見結構式，串聯書寫的內容。

▣ 思想感情

思想感情通過與客觀的人、事、物、景作用，所引發而來的感受。可以運用「議論」表達思想，也可使用「抒情」表達感情。常用的寫作方法，有感想法、感謝法、感嘆法、啟示法、影響法、懷念法、祝福法、勸戒法、鼓勵法等。具體的表現樣式，可以分成心理反應和動作反應兩種，心理反應部分，如：望著夕陽餘暉，感受到平和與幸福。動作反應部分，如：拿起了手機，不斷拍下眼前的美景。「拿起手機拍下眼前

美景」的動作反應兼具眞實事件與傳達情感兩個功能，在判定時，常會被忽略。

簡言之，記敘文以人、事、物、景爲寫作對象，敘述作者經歷的眞實內容，進而表達出思想感情的文章。故課綱要求學習者「掌握記敘文的特徵」，即是在閱讀時，能找出作者經歷的「眞人眞事」，及經歷後的「思想感情」，且眞實經歷的內容比思想感情內容多，以達到以「敘述」爲主要的表達方式要求，符合上述要件者，即爲記敘文。至於課綱在記敘文本中所列的「順敘」、「倒敘」、「插敘」與「補敘」，是敘寫事件的各種組織方式，可以納入文章結構知識教學，但無法作爲記敘文的特徵，應予以釐清。

以康軒二上第一課教材〈新學年新希望〉示例，引導學生找出記敘文的兩個特徵，眞實的事件打上括號（），思想感情的內容畫上螢光筆或雙底線並檢視二者的分量比例，繼而判定文本爲記敘文：

> 1（開學這一天，我看到同學，）心裡好歡喜。（坐在新位子，拿起新課本，聞著淡淡的書香，）真想快點上課！
> 2（上課時，老師問：「新的學年，有什麼新希望？」以前不太喜歡說話的子陽，馬上大聲說：「我要成為說故事高手！」同學聽了，）都用力的為他拍手。
> 3（下課了，我看到以前只喜歡跑跑跳跳的樂樂，）怎麼坐在位子上靜靜的看書呢？（本來比我矮的小真，）現在好像比我還高了。
> 4（新的學年是新的開始，我也有新的希望：）我要看更多的好書，還要快快的長高。

參　要素

敘述事件常使用人物、事件、時間、地點等要素組織，稱為敘述四要素。也有學者（布裕民、陳漢森，1993）將事件拆解成事件原因、事件經過、事件結果，提出六要素說。

寫作時，常以二要素（人、事）、三要素（時、人、事）、四要素（時、人、地、事）組織寫作內容。示例如下：

二要素	三要素	四要素
我（人）去游泳（事）。遇見了多年不見的好友。閒談間，知道他搬到附近居住。我們約好時間聚會，<u>期待再續前緣。</u>	今天上午（時），我（人）去游泳（事）。遇見了多年不見的好友。閒談間，知道他搬到附近居住。我們約好時間聚會，<u>期待再續前緣。</u>	今天上午（時），我（人）到運動中心的泳池（地）游泳（事）。遇見了多年不見的好友。閒談間，知道他搬到附近居住。我們約好時間聚會，<u>期待再續前緣。</u>

記敘文中會出現時間、地點、人物、事件四要素。不過這四要素也會出現在抒情文、說明文、故事，甚至議論文當中，因此，四要素不是判定記敘文的依據。如下表所示：

抒情文	說明文

參觀安平古堡（改寫節錄康軒教材）

今天我們到安平古堡校外教學參觀。抱著滿滿的期待，昨晚還興奮得難以入眠。

我們先參觀博物館，裡面放著許多的文物和史料。從文物中，我感受到先民胼手胝足的努力與付出，令人敬佩；從軍事要地的建立，我明白將士保家衛國的決心，令人感動。

博物館外有一排古炮，炮口對著遠方，像在想念以前風光的日子，又像在守護著安平古堡，它們是勇敢的士兵，經過這麼長的日子，始終堅守著這片土地。

附近還有一座瞭望臺，紅紅的屋頂，白色的牆，又高又大。走上去，向四處遙望，附近的風光，盡收眼底，更可以看出安平的變遷與繁華。

這次的教學參觀，令人印象深刻，收穫真的好多！

參觀安平古堡（改寫節錄康軒教材）

今天我們到安平古堡校外教學參觀。車子經過市區後不久，就來到了目的地。

我們先參觀博物館，裡面放著許多的文物和史料，有古城的模型，還有地圖和照片。這裡的古城牆最早是荷蘭人蓋的。後來，鄭成功打敗荷蘭人，把軍隊駐守在這裡。

附近還有一座瞭望臺，紅紅的屋頂，白色的牆。老師帶我們走上去，向四面遠望，可以看到附近的風光。

這次的教學參觀，我看到了許多的物品，也認識了安平古堡的歷史。

註：全文藉由參觀，陳述安平古堡的「客觀事實」，未帶入作者感受，故為說明文。

故事	議論文

守株待兔（改寫教育部成語典）

從前，宋國有個農夫在田地耕作。

突然，看見一隻兔子跑過來。那隻兔子可能太驚慌了，沒注意前方，就撞上一棵樹，把脖子撞斷死了，農夫便不勞而獲地得到那隻兔子。

他想以後如果都可以這樣得到兔子，就不需要再辛苦耕作了。於是扔掉手中的耕具，天天守在樹旁等兔子送上門來。

結果從此以後再也沒得到任何一隻兔子，反而讓自己成為全宋國的笑柄。

天下沒有白吃的午餐

從前，宋國有個農夫在田地耕作。

突然，看見一隻兔子跑過來。那隻兔子可能太驚慌了，沒注意前方，就撞上一棵樹，把脖子撞斷死了，農夫便不勞而獲地得到那隻兔子。

他想以後如果都可以這樣得到兔子，就不需要再辛苦耕作了。於是扔掉手中的耕具，天天守在樹旁等兔子送上門來。

結果從此以後再也沒得到任何一隻兔子，反而讓自己成為全宋國的笑柄。

俗話說：「一分耕耘，一分收穫。」想要不勞而獲坐享成果終究不可靠。唯有勤奮努力，一步一腳印，才能獲得甜美果實。

記敘文的寫作對象有寫人、敘事、狀物、記景等四類。有學者主張將遊記增列為第五類。不過遊記可以寫事，也可以寫景，如果就類別來看，應分到敘事類，惟確切歸屬，建議以書寫的內容作劃分，因此，遇上遊記類文章，可以檢視寫作內容：是偏旅遊事件，還是偏旅遊景點的敘寫，進而納入敘事類或記景類記敘文。至於課綱針對各類文本的界義，將記敘文分成人、事、時、地、物五類，較不符分類慣例，且與閱讀、寫作學習表現之內涵說明有違，宜修正為人、事、物、景四類。

人物類記敘文可以是個人，如：〈我的偶像〉，或是一群人，如：〈我們這一班〉，可以出現人物特質，如：〈認真的老師〉，或跟人物器官有關的主題，如：〈常常想起那雙手〉、〈媽媽的眼睛〉等。

敘事類記敘文可以是單件事，如：〈一件糗事〉，也可以是多件事，如：〈當老師的一天〉，或是事件的特色，如：〈一件有趣的事〉、〈可貴的合作經驗〉、〈美味的一堂課〉等。題目往往會出現記、遊、事，參觀、時分、經驗、課、節等用字。

狀物類記敘文可以再分成動物、植物、一般物品、建築物等四類。可以單寫物件本身，如：〈一份禮物〉，或是物件的特色，如〈一件特別的禮物〉。狀物類文章的內容常以物件的外觀、習性、功能……，作為書寫內容，聚焦在物件本身，但也經常轉寫為事件，如：〈如果我有一座新冰箱〉，敘寫有了新冰箱後預計做的「事件」內容。

　　記景類記敘文可以分成自然景觀與名勝古蹟兩類。自然景觀又可細分：風、雨、雷、電、雲、霧、霜、雪、日、月、星辰、四季、江海、山林等，如：〈秋色入山林〉，名勝古蹟類，如：〈林家花園〉、〈自然科學博物館〉、〈我的學校〉、〈我愛鹿港〉等。可以單寫景觀，如：〈夕陽〉，也可以加入景觀特色，如：〈美麗的夕陽〉。

　　以下分別按人、事、物、景四個類別，以康軒教材示例如下：

一 人物類

遇見美如奶奶（康軒三下第三課）

　　美如奶奶個子不高，有著圓圓的臉蛋、一頭灰白的短髮。她常常穿著一件藍色的工作圍裙，戴著一副紫色的眼鏡，滿臉笑容，看起來特別有活力。

　　放學後，我們喜歡到「美如小書店」逛逛，店裡有各種文具，也有許多好看的書。有時候我們看著看著，忍不住大聲討論起來，像吵鬧的小麻雀。這時候美如奶奶會靠過來，對我們微微笑，比出一個「請安靜」的魔法暗號。

　　書店雖然很小，不過東西不少，美如奶奶的腦子裡好像有部電腦，總是知道什麼東西放在哪裡。假如有人問：「我們要做科展，該看什麼書呢？」一本九十九個好玩的科學遊戲就會交到他手上。假如有人問：「有沒有教人怎麼變魔術的書？」她會幫忙找出一本小小魔術師。假如有人要買水彩筆、筆記本、卡紙……，她都能很快的幫助大家找出來。

我們在書店的時候，美如奶奶有時會把書架上的書一本本排好，有時會小心收拾文具區散落的東西，有時她會坐在一張特製的高腳椅上專心看書。書店裡有張小小的標語寫著：「天底下最棒的事情，就是跟書本成為朋友。」常到書店的我們，因為美如奶奶，也跟書本變成好朋友，成為真正的愛書人。

敘事類

美味的一堂課（康軒四上第七課）

星期二下午，老師請美食作家巧文姐姐到班上和大家分享旅行時難忘的見聞。

首先，巧文姐姐放了一段有趣的「特技表演」影片。只見影片中的人先將餅皮一邊在桌面拍打，一邊向空中拋，小小的餅皮漸漸變得又大又薄。然後，他將餅皮烙一下再沾些咖哩，請大家享用。「這就是有名的『印度甩餅』。Q軟的口感十分特別，也可以將食材和醬料夾在餅皮中。」巧文姐姐開心的說。

接著，巧文姐姐分享在義大利旅遊的見聞。她興奮的說：「啊！沒想到平常吃的義大利麵條，竟然有各式各樣的造型，有的像蝴蝶，有的像車輪，有的像貓耳朵……，令人大開眼界。此外，我還吃到不同醬料的義大利麵，紅醬的酸甜，白醬的濃郁，青醬的香氣，到現在還是讓我念念不忘呢！」我一面看著影片，一面聽著她的說明，真希望也能吃吃看道地的義大利麵。

巧文姐姐又分享許多國家別具特色的美食，最後，她帶著我們動手做日本的國民美食——壽司。我們在醋飯上加入自己喜愛的食材，再利用工具做出壽司。大家享用著自己親手做的料理，心裡有滿滿的喜悅與成就感。

看到我們的表情，巧文姐姐也雀躍的說：「有的人喜歡用文字來認識未知的國度，有的人喜歡以照片來記下美好的旅程，而我最喜歡透過味覺來探索多元的文化！」

這個下午，教室裡不但驚嘆聲此起彼落，我們也認識各地的美食文化，真是讓人難忘的「美味的一堂課」。

三 狀物類

小女生（康軒三上第六課）

小女生來我家好幾年了，只要我在家，牠會緊緊跟在我身邊。上洗手間，牠會喵喵的叫，一關門洗澡，牠就叫得更大聲，因為不想在門外等太久。

每當我做完事情，對著空中大叫「小女生——」，哪怕正在角落睡得香甜，牠也會奮力睜開眼睛，慢慢走到我身旁。心情好的時候，牠會邊走邊回應，我叫一聲，牠喵一下，一唱一和，高高低低，輕重不同；心情不好的時候，牠會安安靜靜的走來，用雪亮的大眼睛，不高興的看著我，像是在說：「到底什麼事啊？」

平時牠喜歡四腳朝天的躺在沙發上，毛茸茸的肚子，看起來像蓋了一條白色小被子。這時候，我會過去摸摸牠柔細的毛，揉揉牠又圓又胖的肚子。牠半睜著眼睛，輕搖著尾巴，一副很享受的樣子。牠更喜歡把前腳放在我的大

腿上，輕輕的喵個不停，像個可愛的小孩，陪伴我和家人說話。我們講，牠也講，一家人七嘴八舌講整晚的話，十分熱鬧。

小女生是一隻黏人的「膠水貓」，也是我重要的家人，我們的故事，說也說不完。

四 記景類

（一）自然景觀

大自然的美術館（康軒三下第八課）

野柳是新北市著名的觀光景點，許多人特地前來參觀，我卻常常和那裡的石頭一起玩，因為我的家就在野柳。

走進野柳地質公園，往前望去，野柳岬就像一隻烏龜，靜靜的趴在海邊。小時候，我最愛聽奶奶說仙女和野柳龜的故事。你看，那不正是仙女留下來的「仙女鞋」嗎？再往前走，就是最著名的「女王頭」。高貴的女王微微揚著頭，她是在聽著海風的清唱，或是在看著天邊的飛鳥，還是在等待著遠方的船隻？

我特別喜歡到海邊，欣賞高低排列的燭臺石。大浪拍打著燭臺石，濺起了滿天細白的水珠。那些水珠散落在石頭四周，再慢慢的滴下來，好像一顆顆雪白的珍珠，真是美麗！

　　沿著景觀步道，一邊欣賞這些奇石奇景，一邊為自己喜歡的石頭取名字，是我最愛的遊戲。這裡的岩石，長期受到風化和海水的作用，每一個都有特別的造型：有的像可愛的香菇，有的像戲水的小象，還有的像剛切好的豆腐，各有不同的趣味。

　　野柳岩石經過風和海日夜的雕塑，變成一件件鬼斧神工的創作。這裡真是一座大自然的美術館哪！

（二）人文景觀

我愛鹿港（康軒四下第六課）

　　鹿港在大家的記憶裡，是臺灣中部最古老的商港，在爸媽的心目中，則是難忘的家鄉。每次我回到這裡，就好像穿越了時空，一景一物都在訴說著往日的時光。

　　在老街上，滿眼紅色的屋子和地板，讓穿插其間的綠色樹葉顯得格外青綠透亮。爸爸說：「以前蓋房子的原料大多是稻草拌泥土，紅磚在當時是非常昂貴的建材，這裡有那麼多的樓房和地板都用紅磚鋪設，可以想見過往曾是多麼繁榮。」

　　這裡有一棟雅致的樓房——意樓，曾經是鹿港最大的商行，目前還保存得非常完整。其中，我印象最深刻的是樓房牆上有個「圓形」花窗，代表著對子孫「圓滿」的祝福。

　　我喜歡拉著家人走進九曲巷。這裡彎彎曲曲又狹窄，我總是遠遠的跑在前面，然後躲起來喊著：「來找我！」

好像在迷宮裡玩躲貓貓一樣。鹿港靠近海邊，海風雖然大，但是一進到彎曲的小巷，風就變小了。此外，以前這裡也是商港，經常有海盜出沒。有些海盜在彎曲的巷子裡轉來轉去，一不小心就迷路了。難怪媽媽說，九曲巷除了可以防風，還可以防盜。

　　「半邊井」也是這裡著名的景點。這口井一半在牆內，一半在牆外。每次來到這裡，都會想起奶奶告訴過我們半邊井的故事。原來，以前有能力挖井的好心人家，蓋圍牆的時候，故意把半個井口露在牆外，讓沒錢挖井的人，也能在牆外打水。奶奶還說，她就是喝這口半邊井的水長大的。

　　我愛鹿港。走在古色古香的老街上，我不但能遙想當年的繁華景象，也能感受到濃濃的人情芬芳。

小提醒　記敘文可以寫人、敘事、狀物、記景。但抒情文、說明文、議論文也可將人、事、物、景作為寫作對象。因此，跟人、事、物、景有關的文章，不必然是記敘文，也可能是其他體裁的文章，必須以該文體的特徵作為判斷依據。

羊與貓**的旅行**　看見國語課堂教學的新風景

伍 人稱

　　記敘文慣用第一人稱寫作，但也可以運用第二人稱與第三人稱寫作。換言之，以第一人稱「我」或「我們」寫作的文章可能是記敘文，也可能不是記敘文，以第二人稱「你」或第三人稱「他（她、它、牠、祂）」寫作的文章，也可能是記敘文。因此，不宜以「我」、「我們」作爲判斷文章爲記敘文的依據。節錄康軒三下第八課〈安平古堡參觀記〉課文，並改寫成不同人稱的記敘文，示例如下：

一 第一人稱

　　今天是學校的戶外教育日，我們參觀的地點是位於臺南的安平古堡。坐了好久的車，終於來到了我們期待已久的地方。

　　我們先參觀博物館，裡面放著許多文物：有過往的史料，有古城的模型，還有地圖和照片。看了這些我才知道，這裡的古城牆最早是荷蘭人蓋的。後來，鄭成功打敗荷蘭人，駐守在這裡，安平這個軍事要地就更有名了。

　　從博物館出來後，我們來到了古炮平臺。那裡有一排古炮，炮口對著遠方，像在想念以前風光的日子，又像在守護著安平古堡。它們是勇敢的士兵，經過這麼長的日子，始終堅守著這片土地。

　　我們往上走，附近還有一座瞭望臺，紅紅的屋頂，白色的牆，又高又大，是安平古堡的地標。走上去，站在最高處往四面遠望，可以看到美麗的風光。

　　接近中午的時候，我們走到旁邊的公園，裡頭有一面老城牆，上面長滿樹根。雖然經過三百多年，老城牆還是很堅固。它安靜的站在公園裡，好像在說著過往的故事。

　　這次的參觀，我看到寶貴的文物，也認識了安平古堡的故事，收穫真的好多！

🔲 第二人稱

> 　　今天是學校的戶外教育日，你——臺南的安平古堡，是大家期待已久的地方。
>
> 　　博物館裡面放著許多文物：你的史料，你的古城模型，還有關於你的地圖和照片。原來，你是荷蘭人蓋的。後來，鄭成功打敗荷蘭人，駐守在這裡，你就更有名了。
>
> 　　……
>
> 　　這次的參觀，看到與你有關的寶貴文物，也知道了你的故事，收穫真的好多！

🔲 第三人稱

> 　　今天是學校的戶外教育日，臺南的安平古堡是大家期待已久的地方。
>
> 　　博物館裡面放著許多文物：有安平的史料，有古城的模型，還有地圖和照片。原來，安平古堡是荷蘭人蓋的。後來，鄭成功打敗荷蘭人，駐守在這裡，安平這個軍事要地就更有名了。
>
> 　　……
>
> 　　安平古堡寶貴的故事與文物，令人印象深刻，收穫真的好多！

小提醒　記敘文常以第一人稱「我」或「我們」寫作。但是，也可以用第二、第三人稱寫作。同樣，抒情文、說明文、故事，也可以用不同人稱寫作。因此，出現第一人稱「我」或「我們」的作品，不必然是記敘文。應以「真人真事」及「思想感情」作為判定是否為記敘文的依據。

羊與貓的旅行　看見國語課堂教學的新風景

陸 文本分析

記敘文教學重點有三：掌握記敘文的基礎知識、培養閱讀及寫作的技能、通過記敘文教學，涵養良好的道德情操和積極健康的審美情趣。

具體作法，按照文本內容、形式、語言三個面向，提取教學重點。內容以類別、取材、主旨為主，形式以文體、文章結構、段落、結構圖為主，語言以修辭、語法、詞彙為主。

可以運用以下備課表，提取教學重點：

重點	細項	提取課文教學內容	搭配教學項目
1. 內容	11 類別		內容深究：運用教冊閱讀理解問題討論文本內容
	12 取材		
	13 篇意		
	14 主旨		
	15 文本討論		
2. 形式	21 文體		形式深究：運用教冊資源教導分段、繪製文本結構圖、學習各種說明方法
	22 段落		
	23 文章結構		
	24 結構圖		
	25 要素		
	26 人稱		
3. 語言	31 詞語		詞語教學：教導詞語知識
	32 語法（標點、詞類、短語、句型）		語法教學：教導文本標點、詞類、短語、句型
	33 修辭		修辭教學：教導修辭知識

以康軒三上第八課〈安平古堡參觀記〉分析文本教學重點如下：

重點	細項	提取課文教學內容	搭配教學項目
1. 內容	11 類別	記景類	內容深究：運用教冊閱讀理解問題討論文本內容
	12 取材	安平古堡文物與景點	
	13 篇意	戶外教育日作者全班到安平古堡參觀，先參觀了古堡的文物，又參觀了古炮、瞭望臺及公園的城牆，參觀後覺得收穫很多。	
	14 主旨	參觀了安平古堡的文物與古蹟，收穫很多	
	15 文本討論	參考教師手冊的問題作提問、討論、發表。	
2. 形式	21 文體	記敘文	形式深究：運用教冊資源教導分段、繪製文本結構圖、學習各種說明方法
	22 段落	六個自然段→六個意義段	
	23 文章結構	順敘法／方位式結構	
	24 結構圖	參觀安平古堡｛一、到安平古堡參觀 二、參觀博物館文物 三、參觀古炮 四、參觀瞭望臺 五、參觀公園老城牆 六、參觀後感受	
	25 要素	時間、地點、人物、事件	
	26 人稱	第一人稱	
3. 語言	31 詞語	史料、模型、駐守、瞭望臺、地標	詞語教學：教導詞語知識

羊與貓 **的旅行** 看見國語課堂教學的新風景

3. 語言	32 語法（標點、詞類、短語、句型）	並列複句：有……有……還有……	語法教學：教導文本標點、詞類、短語、句型
	33 修辭	轉化修辭	修辭教學：教導修辭知識

第 **3** 章　認識抒情文特徵及其教學重點

　　本章主要引導教學者認識國語文課綱中抒情文的學習重點，掌握抒情文定義（特徵）、要素、類別、人稱，及文本分析方式，以利備課教學。

壹　課綱學習重點

　　抒情文從第一學習階段開始出現。課綱對抒情文閱讀「學習重點」的規範如下：

★ 閱讀學習表現

第一學習階段	第二學習階段	第三學習階段
5-I-5 認識簡易的記敘、抒情及應用文本的特徵。	5-II-5 認識記敘、抒情、說明及應用文本的特徵。	（延續第二學習階段內容）

內涵說明	抒情文以表達情感為文章主體，懷人、感事、感物、感時，形式較為自由。

★ 寫作學習表現

第一學習階段	第二學習階段	第三學習階段
無	無	無

⚓ 抒情文學習內容

第一學習階段	第二學習階段	第三學習階段
◎Bb-I-1 自我情感的表達。 ◎Bb-I-2 人際交流的情感。 Bb-I-3 對物或自然的感受。 ◎Bb-I-4 直接抒情。	◎Bb-II-1 自我情感的表達。 ◎Bb-II-2 人際交流的情感。 Bb-II-3 對物或自然的情懷。 ◎Bb-II-4 直接抒情。 ◎Bb-II-5 藉由敘述事件與描寫景物間接抒情。 Bb-II-6 抒情文本的結構。	◎Bb-III-1 自我情感的表達。 ◎Bb-III-2 人際交流的情感。 Bb-III-3 對物或自然的感悟。 ◎Bb-III-4 直接抒情。 ◎Bb-III-5 藉由敘述事件與描寫景物間接抒情。

　　課綱自第一學習階段開始，要求指導學生認識抒情文的特徵。

　　在抒情文本的「學習內容」進一步列出多條抒情的類型或方式，惟上述條文也可運用在記敘文、議論文、詩歌、故事中，非抒情文的專利，無法據以判定文本內容為抒情文。相對學習表現的內涵說明點出：「以表達情感為文章主體。」反而是判定抒情文的關鍵指標。

　　寫作學習表現，未特別規範習寫抒情文的條文。教師可於指導記敘文寫作教學中，引導學生學習「抒情」的表達方式即可。

貳 定義（特徵）

　　抒情文是以抒情為主要的表達方式，記錄真人真事，表達思想感情的文章。上述定義除了主要的表達方式——抒情與記敘文的「敘述」不同外，記錄真人真事與表達思想感情兩個要件均與記敘文相同。事實上，三大基本文體係指記敘文、說明文與議論文，並未將抒情文納入，或許可以從82年公告的《國民小學國語課程標準》（教育部，1993）得到解答：「抒情文包括在記敘、議論、詩歌等文體之內，不另列出。」可見，抒情文與其他體裁有其相關之處。而關聯性最高的的體裁則是記敘文，若從文體結構的構成要件：真人真事與思想感情二者來看，並不容易區辨。以〈安平古堡參觀記〉為例，兩種文體的寫作綱要可以是相同的，如下示例：

記敘文	抒情文	文體組成要件
到安平古堡參觀	到安平古堡參觀	真人真事
參觀博物館	參觀博物館	
參觀古炮	參觀古炮	
參觀瞭望臺	參觀瞭望臺	
參觀公園老城牆	參觀公園老城牆	
參觀後感受	參觀後感受	思想感情

　　不過，記敘文以敘述為主要表達方式，而抒情文以抒情為主要表達方式，所以，可以從真人真事與思想感情的文字比例作區辨：記敘文真人真事的敘寫內容要多於思想感情的內容，抒情文則是真人真事的敘寫內容要少於思想感情的內容。

　　改寫〈安平古堡參觀記〉為抒情文，與原文對照如下：

記敘文（原文）	抒情文（改寫）
（今天是學校的戶外教育日，我們參觀的地點是位於臺南的安平古堡。）<u>坐了好久的車，終於來到了我們期待已久的地方。</u>	（今天我們到安平古堡校外教學參觀。）<u>抱著滿滿的期待，昨晚還興奮得難以入眠。</u>坐了好久的車，終於來到我們期待已久的地方。
（我們先參觀博物館，裡面放著許多文物：有過往的史料，有古城的模型，還有地圖和照片。）<u>看了這些我才知道，</u>（這裡的古城牆最早是荷蘭人蓋的。後來，鄭成功打敗荷蘭人，駐守在這裡，）<u>安平這個軍事要地就更有名了。</u>	（我們先參觀博物館，裡面放著許多的文物和史料。）<u>從文物中，我看見先民胼手胝足的努力與付出，開創過程令人敬佩；從軍事要地的建立，我明白將士保家衛國的決心，無私無我令人感動。</u>
（從博物館出來後，我們來到了古炮平臺。那裡有一排古炮，炮口對著遠方，）<u>像在想念以前風光的日子，又像在守護著安平古堡。它們是勇敢的士兵，經過這麼長的日子，始終堅守著這片土地。</u>	（博物館外有一排古炮，炮口對著遠方，）<u>像在想念以前風光的日子，又像在守護著安平古堡，它們是勇敢的士兵，經過這麼長的日子，始終堅守著這片土地。</u>
（我們往上走，附近還有一座瞭望臺，紅紅的屋頂，白色的牆，）<u>又高又大，</u>（是安平古堡的地標。走上去，站在最高處往四面遠望，）<u>可以看到美麗的風光</u>	（附近還有一座瞭望臺，紅紅的屋頂，白色的牆，）<u>又高又大。</u>（走上去，向四處遙望，）<u>附近的明媚風光，盡收眼底，更可以看出安平的變遷與繁華。</u>
（接近中午的時候，我們走到旁邊的公園，裡頭有一面老城牆，上面長滿樹根。雖然經過三百多年，）<u>老城牆還是很堅固。它安靜的站在公園裡，好像在說著過往的故事。</u>	（接近中午的時候，我們走到旁邊的公園，裡頭有一面老城牆。雖然經過三百年，）<u>老城牆還是很堅固、屹立不搖。它安靜的站在公園裡，守護著這裡，好像在說著過往的故事。</u>
（這次的參觀，我看到寶貴的文物，也認識了安平古堡的故事，）<u>收穫真的好多！</u>	（這次的教學參觀，我認識安平古堡的故事，）<u>點點滴滴的過往令人印象深刻，收穫真的好多！</u>

透過文章對照，可以清楚看出兩種文體的共同與不同之處：記敘文真實的敘述和描寫多、抒情少，抒情文則是真實的敘述和描寫少、抒情多。如此，可以讓學生具體分辨兩種文體的差異，而非憑「感覺」來猜測、判定文體。

參 要素

抒情文的要素，同記敘文四要素說明，請參閱第2章。

肆 類別

抒情文類別，一樣以人、事、物、景四類作為寫作對象。

伍 人稱

抒情文同樣以第一人稱為寫作常態，但也能使用第二、第三人稱。

陸 文本分析

抒情文的文本分析方式，請參閱記敘文文本分析表摘錄教學重點。

本章主要引導教學者認識國語文課綱中說明文的學習重點，掌握說明文的定義（特徵）、特性、類別、人稱、說明方法，及文本分析方式，以利備課教學。

壹 課綱學習重點

說明文自第二學習階段出現。課綱對說明文閱讀、寫作之「學習重點」規範如下：

★ 閱讀學習表現

第二學習階段	第三學習階段
5-II-5 認識記敘、抒情、說明及應用文本的特徵。	（事物延續至第三學習階段，參照寫作學習表現，加入事理說明文）

內涵說明 是以描述、列舉、因果關係、比較等方式的文本。

★ 寫作學習表現

第二學習階段	第三學習階段
6-II-4 書寫記敘、應用、說明事物的作品。	6-III-5 書寫說明事理、議論的作品。

內涵說明
閱讀統整寫作主題資料後，書寫事物說明文。

內涵說明
書寫事理說明文。

✦ 說明文學習內容

第二學習階段	第三學習階段
Bc-II-1 具邏輯、客觀、理性的說明，如科學知識、產品、環境等文本。 Bc-II-2 描述、列舉、因果等寫作手法。 ◎Bc-II-3 數據、圖表、圖片、工具列等輔助說明。	Bc-III-1 具邏輯、客觀、理性的說明，如科學知識、產品、環境等。 Bc-III-2 描述、列舉、因果、問題解決、比較等寫作手法。 ◎Bc-III-3 數據、圖表、圖片、工具列等輔助說明。 Bc-III-4 說明文本的結構。

　　第二學習階段開始，課綱安排學生學習說明文。對照寫作學習表現，第二學習階段習寫事物說明文，第三學習階段習寫事理說明文，依據混合教學法的設計，從閱讀的文本，混合寫作、聆聽、口語表達教學來看，第二學習階段以學習事物說明文爲主，第三學習階段再加入事理說明文。

　　事物與事理說明文，是概括的用法。事物說明文可再分寫人、敘事、狀物、記景等四類，加上解說「科學事理」的事理說明文，共可分成五個類別。課綱則以列舉的方式：「科學知識、產品、環境等。」呈現說明文的寫作對象。

　　而「描述、列舉、因果、問題解決、比較等寫作手法」是說明文常用的結構方式，亦即說明文的文本結構。至於「數據、圖表、圖片、工具列等輔助說明」則是寫作說明文會使用的說明方法。

　　重新統整說明文學習重點如下表：

羊與貓 **的旅行** 看見國語課堂教學的新風景

學習重點		重點說明
5-II-5 認識記敘、抒情、說明及應用文本的特徵。 6-II-4 書寫記敘、應用、說明事物的作品。 Bc-II-1 具邏輯、客觀、理性的說明，如科學知識、產品、環境等文本。	6-III-5 書寫說明事理、議論的作品。 Bc-III-1 具邏輯、客觀、理性的說明，如科學知識、產品、環境等。	學習人、事、物、景、理五類說明文：人、事、物、景（事物）、理（事理）說明文，如科學知識、產品、環境等文本。
Bc-II-2 描述、列舉、因果等寫作手法。	Bc-III-2 描述、列舉、因果、問題解決、比較等寫作手法。 Bc-III-4 說明文本的結構。	學習說明文的文本結構：如描述、列舉、因果、問題解決、比較等組織方式。
◎Bc-II-3 數據、圖表、圖片、工具列等輔助說明。	◎Bc-III-3 數據、圖表、圖片、工具列等輔助說明。	學習說明方法：數字、圖表、解釋、引用、舉例、分類、分層等說明方法。

貳　定義（特徵）

　　說明文是以說明為主要的表達方式，闡述事物、事理的特徵、屬性、成因、發展、關係、功用等問題的知識性文章。

參　特性

　　朱艷英（1994）、劉忠惠（1996）認為說明文有三大特性，分別是說明性、知識性與客觀性。

一、說明性：運用說明的表達方式，以準確、明白的語言對事物與事理作如實的解說、介紹。

二、知識性：傳遞事物與事理的成因、關係、功用等自然科學或社會科學的知識為目的。

三、客觀性：說明文傳授知識的科學性，要求對說明對象作客觀的解說，不能夾帶個人主觀的感情或特定的立場傾向。

肆 類別

說明文從被解說的對象分成事物及事理兩大類，進一步細分人、事、物、景、理五個小類。其中，事理說明文應指社會或自然科學的事理，仍以傳遞「知識」為首要任務的客觀文章，與表達個人想法主張，主觀論述個人觀點的議論文有所不同。各類別列表示例如下：

事物說明文	事理說明文
人：〈永遠的馬偕〉、〈攀登生命的高峰〉	理：〈海洋的殺手〉
事：〈拔一條河〉（楊力州）	
物：〈台灣山椒魚〉、〈馬太鞍的巴拉告〉、〈建築界的長頸鹿〉、〈米食飄香〉、〈它抓得住你──商標的故事〉	
景：〈請到我的家鄉來〉	

以下分別按類別列舉文章示例：

一 事物說明文（人）

參見康軒四上第四課。

永遠的馬偕

| 名人小傳 |

　　馬偕（西元一八四四——一九〇一年）是來自加拿大的傳教士。他在臺灣除了傳教之外，還興建醫院、創辦學校，因此受到人們敬愛。

　　出生在加拿大的馬偕，是一位將生命奉獻給臺灣的傳教士和教育家。在完成醫療和神學院的課程後，馬偕自願到海外傳福音。當他來到臺灣的那一刻，就下定決心要在這座美麗的島上奉獻一生。

　　當時臺灣的醫療條件十分落後，傳染病經常流行。馬偕陪著居民一起清水溝、除草，告訴大家居家衛生的重要。他發放藥品，邀請外國醫師幫忙。各地的人們聽說有治病的良方，紛紛翻山越嶺，趕來求助。

　　馬偕的善行很快傳回故鄉，熱心的地方人士不但認同馬偕的付出，還捐錢讓他能做更多的善事。馬偕在淡水興建北臺灣第一間西式醫院，讓病人得到更好的治療和照顧。為了讓孩子有讀書的機會，他在當地創辦第一所新式學校，除了不收學費，還有免費食宿，讓學生可以專心學習。後來，他又成立了女學堂，讓女子也有就學的機會，臺灣的第一位女醫師——蔡阿信，便是這所女學堂的學生。

馬偕對臺灣有著濃濃的情感，他曾寫下詩歌：「我心愛的臺灣啊！我的青春全部獻給你。我心愛的臺灣啊！我一生的喜悅都在這裡。」他一直用心照顧臺灣人民的需要，為了救助更多的人，他常常披星戴月，走訪山區和鄉村。他的愛心永遠留在人們的心中，他的故事也永遠流傳在這座美麗的寶島。

二 事物說明文（事）

　　請參閱楊力州〈拔一條河〉文章，或《拔一條河》紀錄片。

三 事物說明文（物）

　　參見康軒四上第八課。

建築界的長頸鹿

　　假如把建築物想像成動物，「居高臨下」的大樓就是建築界的「長頸鹿」。這些建築不但有重要的功能與特色，更成為一座城市的特有景觀。現在，我們來認識世界上幾座著名的「長頸鹿」。

　　位於臺北市的臺北一〇一大樓，外形有如一節一節的竹子，層層向上開展，代表經濟節節高升。大樓外層有巨大的古錢圖案，代表它是重要的「金融中心」。大樓裡面安裝了一座阻尼器，使它能避免地震與強風所造成的搖晃。每年的跨年煙火秀，臺北一〇一大樓陪著大家迎接新年，更讓全世界認識臺灣。

　　西元二〇一二年完工的東京晴空塔®，又名「東京天空樹」。塔的底部為三角形，往上漸漸轉變為圓形。塔身在白色裡加了一些青色，讓這融入藍天的「晴空塔白」，

散發著耀眼的光芒。這座電波通訊塔，最初是為了改善城市收訊不良而興建。現在，從這裡發展出完整的都市開發計畫，為當地帶來了可觀的商機。

　　吉隆坡的雙峰塔是座雙生大樓，層層的八角形，在陽光下閃閃發亮。這座大型商場在四十一與四十二層樓之間，有一座長五十八公尺的「人字形」連通橋，目前是全世界最高的天橋。雙峰塔是吉隆坡最亮眼的建築，為這座城市帶來美麗而難忘的剪影。

　　具有多功能及特色的建築，不但受人注目，更點亮了一整座城市。這些建築界的「長頸鹿」散發光芒，希望讓更多來自四面八方的朋友，感受當地的文化與民情，留下美好難忘的印象。

四 事物說明文（景）

　　請參閱康軒四上第四課林海音〈請到我的家鄉來〉文章，或林海音（2020）專書。

請到我的家鄉來

　　請到我的家鄉來，我的家鄉是「千佛之國」的泰國。……。

　　請到我的家鄉來，我的家鄉是五千年古國埃及。……。

　　請到我的家鄉來，我的家鄉是地勢低窪的荷蘭。……。

　　請到我的家鄉來，我的家鄉是音樂國度奧地利，許多世界上有名的音樂家，都曾經在這裡居住過。……。

五 事理說明文（理）

參見康軒四下第九課。

海洋的殺手

南太平洋的亨德孫島，雪白沙灘環繞，原本擁有豐富美麗的生態，彷彿世外桃源，是世界少數僅存的珊瑚環礁。然而，這座面積大約只有三十七平方公里的無人小島，竟累積了十八公噸來自各國的塑膠垃圾！這些垃圾究竟是從哪裡來的呢？

西元一九九二年「黃色小鴨」的事件，解答了這個謎團。那一年，一艘貨輪遇上風暴，導致船上將近三萬隻黃色塑膠鴨在北太平洋落海。這些小鴨隨波逐流，有的北上，陸續漂流到北極海、美國東岸，甚至到達英國。有的南下，漂向夏威夷、印尼，還一路到澳洲和南美洲。原來海洋中有一條條如高速公路的洋流，不斷循環流動，這也讓這些塑膠旅客順著洋流漂游到各地。在洋流的環流系統中，不只是海面漂流著塑膠垃圾，深海也被塑膠大軍所占領。

塑膠在海中受到日照與風浪拍打，分解成極小的塊狀、細絲或球體狀的塑膠微粒。科學家發現，這些幾乎看不見的塑膠，不僅會釋放有毒物質，影響海洋生物的生長，還會吸附海洋汙染物與細菌，成為更毒的懸浮物。由於微粒體積小，常被浮游生物吸收食入，連生存在地球最深的馬里亞納海溝中的浮游生物，體內也藏著塑膠微粒，科學家還將牠們命名為「塑膠鉤蝦」。而在「大魚吃小

魚，小魚吃蝦米」的食物鏈下，海洋正形成一種駭人的生態系統——海洋塑膠生物圈。你可曾想過，大口吃著美味海鮮時，到底吃進了什麼？

　　無孔不入的塑膠就像海洋的殺手，除了帶來環境改變的威脅，更對海洋生態造成巨大傷害，從海岸、海面到深海都無一倖免。海洋經常上演著種種觸目驚心的畫面：吞食塑膠的海鳥、被魚網困住的海龜、遭垃圾覆蓋的珊瑚礁、體內滿滿塑膠垃圾的鯨魚⋯⋯。根據二〇一六年聯合國報告，全球受海洋塑膠垃圾影響，而且面臨生存威脅的生物，已高達八百種。

　　塑膠便宜耐用、取得便利，因此被人們大量使用，但因難以在環境中自然分解，已成為僅次於氣候變遷的全球災難。學者估計，目前每年約有一千一百萬公噸的塑膠垃圾流進海洋，若不採取行動，到二〇四〇年甚至會增加到兩千九百萬公噸。這些垃圾主要來自人口密集的河川、海岸以及船隻漁具的廢棄物，且大多是一次性的塑膠製品。「從源頭減少塑膠」，才是最根本的解決之道。

　　聯合國在二〇一八年提出「塑戰塑決」以維護海洋生態與環境，越來越多國家也發現問題的嚴重性，紛紛制定了「減塑、限塑」相關辦法。除此以外，民間團體自發性舉辦淨灘活動，喚起更多人的關注，人們更配合減塑、回收再利用和自備環保用品等，以行動實踐地球的永續發展。

　　大海面對日益嚴重的塑膠汙染，已不斷發出警訊。我們需要每個人付出行動，否則未來在海邊隨手撿起的可能不是貝殼，而是寶特瓶的瓶蓋⋯⋯。

說明文除採上述分類方式外，也可以按照文字的連續性，或在文字間插入圖表解說的形式，分成連續性文本（continuous texts）與非連續性文本（non-continuous texts）。2009年PISA（The Programme for International Student Assessment）把閱讀文本形式分為四種：連續性文本、非連續性文本、混合文本、多重文本四類。所謂非連續性文本一般是多個信息模塊的組合，它以表、符號、單、圖示等信息為基本單位，以特有的方法將材料組合，綜合起來呈現信息。地圖、導覽圖、購物小票、車票、時刻表等都屬於非連續性文本（劉多岩，2012）。以康軒三上第九課〈馬太鞍的巴拉告〉示例如下：

羊與貓的旅行　看見國語課堂教學的新風景

伍　人稱

說明文常用第三人稱寫作，但也可以運用第一人稱與第二人稱解說事物。如下示例：

一　第一人稱

請到我的家鄉來

　　請到我的家鄉來，我的家鄉是「千佛之國」的泰國。……。

　　……

小提醒　出現第一人稱「我」也可以是說明文呵！

第二人稱

動物的尾巴猜一猜（改寫自康軒教材）

你的尾巴又寬又大，用處很多，最主要的功用就是讓你在樹林間飛跳時，能保持身體的平衡；當你從樹上跳下來時，也可以利用尾巴讓身體如降落傘般平穩著地；天冷時，你就用毛茸茸的尾巴，把自己裹起來，像一條溫暖的大圍巾。

你的尾巴在水中左右擺動，身體就會向前推進，不但是游泳最佳的工具，還可以像船舵一樣，控制前進的方向。有的尾巴長得格外奇特，有如一條細長的鞭子，這「鞭子」上還長著毒刺，可以作為防禦的武器。

你的尾巴藍綠色摻雜著紅、紫、橘和紅銅色的羽毛，相當豔麗。在繁殖期間，你會豎起尾羽成一個大扇形，不停的一邊抖動，一邊跳舞，這就是你最為人所知的求偶舞。據說尾羽上的眼狀斑紋，還具有迷惑敵人的作用呢！

第三人稱（康軒四下第四課）

米食飄香

在稻米收成的季節，農村總是充滿歡樂。人們對於稻米有著濃濃的情感，因為這一粒粒白亮香甜的米飯，讓一家人得以溫飽。

從前的社會，生活不如現在便利，人們就利用米及隨手可得的食材，做出各式各樣的糕點。長久以來，米食點心與人們的生活和節慶息息相關。

年節期間，蘿蔔糕與發糕是必備的年菜。在米漿裡加入切細的蘿蔔，再蒸熟，就變成蘿蔔糕。蒸好的蘿蔔糕無論是直接沾醬吃，或是做成鹹湯，都同樣美味可口。如果在米漿中加入糖和發粉，蒸熟就成了發糕。蘿蔔糕代表「好彩頭」，發糕有著「發財」的意義，這些全是人們對於來年的期望。

清明節食用的草仔粿圓圓扁扁的，比巴掌還小。綠色外皮有些是加入艾草做成的，有一股特別的香氣。艾草有保健的功用，清明前後，正值春夏之交，氣候冷熱不定，人們食用草仔粿，就是希望身體健康。

冬至一到，大家都會準備湯圓應景。一顆顆小巧的湯圓，有的紅、有的白，是用米漿除去水分後做成的。湯圓可以加入甜湯，變成甜點，也可以加上青菜、香菇等食材，成為鹹湯圓。寒冬中，熱呼呼的湯圓滿載著幸福的味道，也代表圓圓滿滿的祝福。

米食除了保留傳統，也隨著時代發展而有了更多的變化，像是端午節食用的粽子，鹹粽、甜粽、冰粽……種類和口味五花八門，應有盡有。如今，還有人不斷推陳出新，將米食變身為米餅、米蛋糕和米冰棒等口感特別的點心。

老祖先的巧思及現代人的創意，讓米不只是米飯，還展現了多樣的變化。各式米食在生活中處處可見，成為臺灣特有的飲食文化。米食點心的香氣，也將一代代飄送下去。

陸　說明方法

　　說明文為了有效解說事物與事理知識，會綜合運用各種說明方法解說內容。課綱列舉出：數據、圖表、圖片、工具列等說明方法。惟圖表已包含圖片說明法，而工具列說明法，相關文獻未出現此說明法。

　　朱艷英（1994）提出介紹、定義、解釋、分類、分解、引用、舉例、數字、圖表、比較等十種說明方法。劉忠惠（1996）提出定義、注釋、分類、分解、舉例、引用、比較、比喻、數字、圖表等十種說明方法。綜合說明、舉例如下：

一　介紹說明法

　　介紹說明是以概括的方式說明人物或事件的概況、介紹物品的內容特色、製程、使用方法等。如：苦楝，別稱苦苓、楝樹、紫花木。是一種落葉喬木，樹皮灰褐色，具縱列，高可達15至20米。葉為奇數羽狀複葉。春夏之交開紫色小花。果實呈橢圓形、核果狀。

二　定義說明法

　　定義說明是以最集中、概括的語言說明概念的屬性，是對事物或現象最為權威的正確解釋。如為「仿生學」下定義：模仿生物用於建築、技術裝置的科學。

三　解釋說明法

　　解釋說明對說明對象、概念或典故作出清楚的解釋。常搭配定義說明法，註解不好懂的概念或專業術語。如「仿生技

羊與貓的旅行　看見國語課堂教學的新風景

術」是通過了解生物的結構特性和功能原理，來研製新的機械、技術，或用來解決機械、技術遭遇的難題。

四 分類說明法

分類說明是對複雜的事物或現象，以一定的標準作分類的解說，且類別不能遺漏。如以「生命現象」作標準，可以分成生物和無生物。

五 分解說明法

分解說明是將複雜的事物或現象的整體，加以分析解剖出若干個單位、局部、階層。與分類說明法的不同，沒有使用「一定的標準」作為劃分的依據。如將阿美族人的魚屋分解成三層介紹：這個特別的魚屋有三層：第一層是中空的大竹子，住在這裡的魚喜歡晚上出來活動；中層有許多細樹枝，因為這裡的大魚進不去，所以是小魚最安全的生活空間；在最上層放了許多水生植物或大片的葉子。

六 引用說明法

引用說明是以名言佳句或典故來增進說明內容的說服力。如：每年5、6月，熱帶海洋氣團逐漸增強擴大，而極地大陸冷氣團勢力範圍逐漸減退，臺灣及其附近海域處在兩氣團間的交界，導致下雨機會增多，也就是所謂的「梅雨季」。俗諺：「未吃五月粽，破裘不敢放。」便是反映了梅雨季期間天氣時熱、時又轉涼的特性。

七 舉例說明法

　　舉例說明是以具體、真實的事例來說明寫作對象的性質、特點、功用或關係。如：無孔不入的塑膠就像海洋的殺手，除了帶來環境改變的威脅，更對海洋生態造成巨大傷害，從海岸、海面到深海都無一倖免。海洋經常上演著種種觸目驚心的畫面：吞食塑膠的海鳥、被魚網困住的海龜、遭垃圾覆蓋的珊瑚礁、體內滿滿塑膠垃圾的鯨魚……。

八 數字說明法

　　數字說明是以精準的確數，或概略的概數來解說事物或事理特點的方法。如：吉隆坡的雙峰塔是座雙生大樓，層層的八角形，在陽光下閃閃發亮。這座大型商場在四十一與四十二層樓之間，有一座長五十八公尺的「人字形」連通橋，目前是全世界最高的天橋。

九 圖表說明法

　　圖表說明是運用圖片或表格，搭配文字或數字來說明事物或事理的說明方法。可以讓被說明的對象在圖表與文字、數字對照下，更清楚明瞭，收事半功倍的效果。如：國語文各教育階段之時間分配表。

教育階段	國民小學			國民中學	普通型 高級中等學校	
學習階段	一	二	三	四	五	
類別年級	一 二 三	四 五 六		七 八 九	十 十一	十二
類別 必修	6節/週	5節/週	5節/週	5節/週	16學分	4學分
加深 加廣 選修					8學分	

➕ 比較說明法

　　將兩種或兩種以上的事物，選好比較點，比較說明事物特徵的說明方式。常見有三種類型：一、同類事物相比，如比較紅茶與綠茶的礦物質。二、不同類事物相比，如比較煤氣與沼氣的成分。三、同一事物不同情況相比，如比較黃豆、豆芽、豆漿、豆腐、豆干的營養價值。

十一 比喻說明文

　　以比喻（譬喻）的寫作方式，將甲物以相似的乙物，比擬說明，以讓抽象的事物或事理具象、淺顯地呈現。如：小鯰魚的聲音，像蜜蜂飛過，嗡嗡地響。

柒 文本分析

　　說明文的教學目的在於給學生獲得知識，主要是培養其閱讀和寫作說明文的能力。具體的閱讀教學方法有五：

　　一、把握事物、事理的本質特徵，正確地理解課文內容。二、透過課文內容，涵養科學態度與情意。三、掌握文本各部

分內容的關係，了解說明的組織順序，加強邏輯思維訓練。

四、學習說明事物、事理的基本方法，加深對文章的理解。

五、學習文本的語言特色。

　　由上述教學重點可知，說明文閱讀教學可以從文本的內容、形式、語言三方面著手。內容方面以掌握文章主題的科學知識與科學情意兩項重點，形式方面以掌握文本的組織結構方式及說明主題的方法，語言方面以掌握文本的運用的詞語、句型與修辭特色。教師備課時，可以參考下表，以提取說明文本的教學重點，有效、精確的備課，再配合教冊提供的教學資源，配合教學項目逐一教學。

重點	細項	提取課文教學內容	搭配教學項目
1. 內容	11 科學知識		內容深究： 運用教冊閱讀理解問題教導內容知識
	12 科學情意		
2. 形式	21 分段		形式深究： 運用教冊資源教導分段、繪製文本結構圖、學習各種說明方法
	22 結構		
	23 結構圖		
	24 人稱		
	25 說明方法		
3. 語言	31 詞語		詞語教學： 教導詞語知識
	32 語法（標點、詞類、短語、句型）		語法教學： 教導文本標點、詞類、短語、句型
	33 修辭		修辭教學： 教導修辭知識

以〈馬太鞍的巴拉告〉為例：

重點	細項	提取課文教學內容	搭配教學項目
1. 內容	11 科學知識	阿美族人在溼地的捕魚方式魚屋的構造與原理	內容深究：運用教冊閱讀理解問題教導內容知識
	12 科學情意	保護自然生態	
2. 形式	21 分段	五個自然段→五個意義段	形式深究：運用教冊資源教導分段、繪製文本結構圖、學習各種說明方法
	22 結構	並列式結構	
	24 結構圖	馬太鞍的巴拉告 { 一、阿美族人用巴拉告捕魚 二、魚屋的組成構造 三、魚屋各層居住的魚群 四、阿美族人到魚屋取魚 五、阿美族人運用魚屋保護生態	
	24 人稱	第三人稱（他述式）	
	25 說明方法	分解說明法、解釋說明法、圖表說明法	
3.語言	31 詞語	溼地、阿美族、巴拉告（魚屋）、生態	詞語教學：教導詞語知識
	32 語法（標點、詞類、短語、句型）	標點：破折號 詞類：形容詞 短語：生生不息 並列句：不是……而是……／不用……也不用…… 因果句：因為……所以…… 條件句：只要……就……	語法教學：教導文本標點、詞類、短語、句型
	33 修辭	本課無特別修辭	修辭教學：教導修辭知識

說明文在國語課堂與自然課堂教學的最大差別在於自然課堂以科學知識為核心，而國語文除了自然知識的學習外，更包括科學情意的思考討論、語文形式、語言特色的學習與應用。

　　由於說明文內容會出現較多的專門術語，因此教師在詞語生字教學時，宜針對特殊的術語補充充足的訊息，以利學童閱讀運用。其次，對於文本傳遞的科學知識內容，教師可以運用內容深究的提問，協助學生掌握文本內容，一般文本可能著重詮釋整合、比較評估思考層級的提問與討論，但說明文在協助學生掌握文本知識內容前提下，反而要先從直接提取、直接推論的題目入手，以讓學生掌握科學知識，再進入詮釋整合、比較評估層級的討論。在形式組織結構深究部分，引導學生確認意義段後，按意義段內容「命名」，提取出綱要，再將綱要組成結構圖，以利學童運用圖像策略，整理文本組織架構。至於，說明方法是理解說明文本的另一關鍵，教師可先介紹各種說明方法的重點，再配合文本說明第二段使用分解說明法，可以讓巴拉告的組成樣式清楚呈現，同時，配合圖表說明法，引導學生觀察插圖，更可達到事半功倍的學習效果。最後，再利用文本教導語法、修辭等語文知識，可以鞏固學生的語言知能。

　　說明文閱讀教學，旨在協助學童掌握說明文本的特徵、結構、說明方法、語言特色，以利遷移至說明文寫作。說明文貴為三大基本文體之一，雖然有較多的知識性內容，但只要掌握教學重點，自可輕鬆有效的引發學生學習，培養學生讀寫說明文的知識與能力。

第5章 認識議論文特徵及其教學重點

本章主要引導教學者認識國語文課綱中議論文的學習重點、掌握議論文的定義（特徵）、要素、類別等知識，及文本分析方式，以利備課教學。

壹 課綱學習重點

議論文與第一階段的記敘文、第二階段的說明文並稱三大基本文體。課綱對議論文「學習重點」的規範如下：

★ 閱讀學習表現

第三學習階段
5-III-5 認識議論文本的特徵。

內涵說明　議論文包含論點、論據、論證三個要素，運用概念、判斷、推理等形式，闡明作者主張。

★ 寫作學習表現

第三學習階段
6-III-5 書寫說明事理、議論的作品。

內涵說明　書寫事理說明文，及談論型、如何型、什麼型、為何型等議論文作品。

★ 議論文學習內容

第三學習階段

> ◎Bd-III-1 以事實、理論為論據，達到說服、建構、批判等目的。
> Bd-III-2 論證方式如舉例、正證、反證等。
> Bd-III-3 議論文本的結構。

　　由課綱規範的教學重點可知，高年級學童須閱讀談論型、如何型、什麼型、為何型等四個類型的議論文，藉此認識議論文的論點、論據、論證等三要素，以掌握議論文的特徵，進而能習寫議論文。進一步解說如下：

一 類別

　　（一）就論述的對象分，可分成論人、論事、論物、論景、論理五類，國小教材通常以「論理」類別為主，如誠信、合作、勇敢、面對挫折等主題內容。

　　（二）論理的文章就討論的項目分，可分成單項（〈談誠實〉）、兩項（〈誠實與虛偽〉）、多項題（〈天時、地利、人和〉）等三種，國小教材通常以單項題為主。

　　（三）認識與習寫單項題：談論型、如何型、什麼型、為何型等四類議論文。

二 要素

　　（一）認識論點。

　　（二）認識論據：論據可以分成事實性、理論性論據兩大類。事實性論據包括事例、物例、設例等項，理論性論據則是言例。

羊與貓 的旅行　看見國語課堂教學的新風景

（三）認識論證：論證是以論據證明論點的過程。以正面例子證明論點稱為「正證法」，以反面例子證明論點稱為「反證法」，如果以正例、反例來證明論點，稱為「正反論證法」。

三 文體結構

文體結構是組成文體的特殊組織樣式。議論文的文體結構結合論點、論據、論證等要素，形成「論點＋論據＋論據＋重申論點」、「論據＋（論據＋）提出論點」的組織樣式。

貳 定義（特徵）

議論文是以議論為主要的表達方式，揭示作者對命題主張的「論點」，並舉「論據」來「論證」「論點」為真的文章。

論點、論據與論證稱為議論文三要素。三要素組成議論文的文體結構，如下表所示：

段落	文體結構一	文體結構二	文體結構三	論證（過程）：出現論據段的範圍 方式：正證法、反證法、正反論證法			
一	x	論點	論點	正證法	反證法	正反論證法	
二	論據1	論據1	論據1	正例	反例	正例	反例
三	論據2	論據2	論據2	正例	反例	反例	正例
四	（論據3）	（論據3）	方法				
五	重申論點	重申論點	提出論點				

三種文體結構分別以康軒五上第七課〈一路逆風〉、第九課〈在挫折中成長〉及筆者撰稿文章示例如下：

文體結構一

段落	課文
一、 論據段	**一路逆風／杏林子** 　　朋友回香港時，我祝他一路順風。他笑了起來，打趣我：「你錯了，應該是『一路逆風』。」見我一臉驚訝，他接著說：「從前古人坐船旅行，自然是順風而行；現代人乘飛機，飛機起降時需要逆風而進，才能飛得又平又穩呢！」原來如此，可憐我這個一向就不了解科學知識的腦袋。
二、 論據段	聽說，老鷹總是喜歡築巢於峭壁之上。峭壁上，草木不生，風厲如刀，母鷹就在那種環境訓練牠的小鷹飛行。在人的眼裡看來，母鷹似乎不太憐惜牠的孩子，然而，母鷹知道，只有最困難的環境，最嚴格的訓練，才能使牠的孩子在物競天擇的自然界，保持一個永遠不敗的地位。 　　小鷹剛剛會站，母鷹便帶著牠們頂著氣流，抗著強風，一次一次的練習著。強大的阻力將把牠們的雙翅訓練得結實有力，足以幫助牠們飛得更高，飛得更遠，同時也磨練出牠們強健的體格，可以生存在最酷熱的沙漠，也能處於最寒冷的高山。在動物中，牠們是少見的強者。
三、提出 論點段	人不也應如此嗎？順境往往使我們好逸惡勞，只有在逆境中，才能磨練出我們堅強的意志，奮勇向上的力量。苦難往往能將我們的心智提升到一個更堅定的境地，讓我們勇敢的面對人生的困境。

二 文體結構二

段落	課文
一、論點段	**在挫折中成長** 　　遇上困難，你會勇敢面對，還是選擇逃避？身處逆境，你會尋求突破，還是維持現狀？遇到失敗，你會奮戰再起，還是宣告放棄？人生的道路上，往往崎嶇不平，甚至困境重重，只有在每一次的挫折中，接受困境的磨練，以挫折考驗自己，進而磨練出堅強的意志，才能勇往直前。
二、論據段	名聞全球的奇幻小說女王J.K.羅琳，年輕時，窩居在英國愛丁堡沒有暖氣的住所裡，不僅沒有工作，還要面對壓力引發的心理疾病，處境艱辛。西元一九九五年，她用一臺老舊的打字機，完成《哈利波特——神祕的魔法石》初稿，卻接連被四家出版社退稿。羅琳告訴自己：「不要害怕請求對方『再給我一次機會』，只要願意堅持，機會就會降臨。」正因為堅持不放棄，她的書終於得到出版社的認同，出版後也得到各地童書大獎。哈利波特系列作品甚至被翻譯成八十多種語言，成為全球暢銷書，陪伴無數青少年成長。羅琳曾經一無所有，但她面對人生的困境，將挫折化為前進的動力，不斷的嘗試，才能在困境中開創新局，進而改變自己的人生。

段落	課文
三、 論據段	沙漠中的仙人掌，為了對抗高溫又缺水的環境，發展出肥厚的莖存放水分，葉片也演化為針刺狀來降低水分蒸發。有些落葉樹種為適應低溫，往往會在秋冬時節落葉，減少樹葉消耗養分，將能量存起來，以待開春時節給予幼芽養分。沙灘上椰子樹掉落的椰子，常被潮水帶進海裡，漂流的過程可能長達數月，還好靠著厚厚的外皮保護，種子即使泡在海水也不會腐爛。只要被海浪沖上了沙灘，就可以生根發芽。自然界中的植物無法像動物一樣自由移動，如果遇到環境或氣候的改變，生存的衝擊就隨之而來。面對這些困境，植物卻能在地球存活超過三十億年，靠的就是接受環境給予的挫折，進而調適改變自己，讓自身能在酷熱、嚴寒和缺水的逆境中生存下來。
四、重申 論點段	義大利科學家伽利略說：「生命如鍛造的鐵塊，愈被敲打，愈能發出火花。」既然人生充滿考驗，當挫折來臨時，可以接受挫折的敲擊鍛鍊，以正向的心態面對逆境，從中發現自己的不足，並尋求解決問題的方法。如此，才能化危機為轉機並調整自己，進而成長壯大，綻放生命的光彩。

羊與貓的旅行　看見國語課堂教學的新風景

段落	課文
一、 論點段	**做個謙虛的人** 　　俗話說得好：「謙謙君子，卑以自牧。」嚴於律己的君子，常保持謙卑的態度，藉此來修養自己的德行。相反的，不少高傲自大的人，眼高於頂、目中無人，讓人無法親近、與之共處。因此，我們要做一個謙虛而不張狂的人，如此才能受人歡迎。
二、 論據段	三國時代的劉備求才若渴，他用一顆謙虛的心，去拜訪隱士諸葛亮，三顧茅廬終於得其下山相助，日後劉備才能奠定與曹操、孫權鼎足而三的局面。可見，謙虛的態度能感動人心，並帶來意想不到的助益。
三、 論據段	居禮夫人發現了「鐳」，而拿到了諾貝爾物理獎，但她不因此而驕傲自滿，反而更努力的在實驗室裡研究，所以她的名字才能流芳千古，受人敬佩。可見，不為榮譽所迷惑，才能真有資格得到讚美與肯定。
四、 方法段	我們要怎樣做一個謙虛而不自大的人呢？首先，要隨時保持虛心的態度，努力充實自己；其次，要常看別人的優點，並能虛心求教，學習新的知能；最後，要有廣納建言的雅量，以此糾正自己的缺點，讓自己調整與成長。

教材篇

段落	課文
五、重申論點段	《書經》有言：「謙受益，滿招損。」意即謙虛待人對自己才有好處，自滿只會招人嫌怨，沒有益處。因此，我們做人也是一樣，應該隨時保有一顆謙卑的心，因為人外有人、天外有天，只有謙虛才能讓我們有進步的空間，才能使我們的人生更上層樓，達到理想的境界。

參 要素

　　議論文三要素，論點是解決「要證明什麼」的問題、論據是解決「用什麼來證明」的問題、論證是解決「怎樣證明」的問題（梁頌，2008）。三要素在議論文篇章中擔負著不同的任務。說明如下：

一 論點

　　論點是作者對所論述的問題提出的見解、主張和表示的態度，且是一篇議論文的核心，擔負著「論證什麼」的任務，明確地表示作者贊成什麼、反對什麼（朱艷英，1994；葉晨，2008）。

　　論點有中心論點（或稱基本論點）與分論點（或稱從屬論點）之分（朱艷英，1994）。劉孟宇（1989）指出一篇議論文只能有一個中心論點，如果所論的問題比較複雜，一次論證不能推出中心論點，那就要分層論證，即在中心論點之下設若干分論點。

  的旅行 看見國語課堂教學的新風景

　　朱艷英（1994）提出論點要正確、鮮明、集中、深刻及新穎等五項要求。林秋人（2007）認為論點應具備正確、扣題、深刻、有現實意義和新穎五項要求。綜合說明如下：

　　（一）論點要正確：揭櫫之觀點要具備科學性，或合於社會規範，同時又能表現積極健康之思想，經得起實踐與檢驗。

　　（二）論點要鮮明：所提論點要明白表示立場，亦即贊成、反對、肯定、否定必須清楚鮮明，不可模稜兩可。

　　（三）論點要集中：指文章中的論點要單一，且論證過程中不可中途轉移論點。

　　（四）論點要深刻：文章之觀點要能觸及問題之本質，反應生活之哲理，使閱讀者獲得啟發。

　　（五）論點要新穎：即是提出獨到之見解，想法不落俗套，去除陳言。

　　（六）論點要扣題：呈現之中心論點要緊扣命題，分論點要緊扣中心論點。

二　論據

　　論點之後，提出材料作為根據方能發揮說服的作用，此材料便是論據。提出論據，即是舉例。

　　論據可以分成理論性的論據和事實性的兩大類，也可依據論據本身的性質和特點分成言例、事例、物例、設例等類。所謂理論性論據係指經過驗證的名言佳句、格言、諺語等，即是言例；而事實性的論據則包括了典籍史蹟、傳奇軼事、親身遭

遇、動植物、器礦物、設想事件，亦即所謂的事例、物例與設例。如下表所示：

理論性論據	事實性論據
言例	事例 物例 設例

論據的使用，貴在發揮強大的說服力。朱艷英（1994）認為各類論據均應具備確實、典型、新穎和充實的特徵，才能具有說服力。說明如下：

（一）論據要確實

即所引材料必須有其依據，如事實性論據必須反應客觀實際，不能無中生有；理論性論據必須有其出處、原文照錄，不能出錯。如孔子云：「千里之行，始於足下。」或孔子云：「行百里者半九十。」以上二者均為誤用，正確出處分別為老子與《戰國策》。

（二）論據要典型

亦即舉例時，要舉出有代表性的例子，以反應生活的主流和本質。如〈克服困境〉一題會想到海倫・凱勒、力克・胡哲、杏林子、謝坤山等人奮鬥克服難關的事例。

（三）論據要新穎

新的論據可增添文章的新鮮感。若慣用舊的論據，不僅顯得老套，也易使人生厭。如〈耕耘與收穫〉一題，沿用「俗話說得好：『一分耕耘，一分收穫。』……」破題。

（四）論據要充實

舉例時，若單舉個例，會令人產生例外感的質疑。因此，若能多舉例佐證，論點的可靠性愈強；除了數量充足外，論據尚須顧及廣度的問題，亦即能以不同角度的論據論證，或正例，或反例，或現代論據，或古代論據，則其佐證效果更強。

三 論證

論證是使用論據證明論點的邏輯推論過程，通常與論據同行，擔負著負責回答「怎樣證明」的任務（葉晨，2008）。若從所選取的證明的材料來看，以事實性論據佐證稱為「例證法」，以理論性的論據佐證稱為「引證法」；若從文章整體證明的歷程結構來看，以正面的論據論證稱為「正證法」，以反面的論據論證稱為「反證法」，以正面論據、反面論據並呈論證稱為「正反論證法」。

肆 類別

就論述的對象分，可分成論人、論事、論物、論景、論理五類，國小教材通常以「論理」類別為主，如誠信、合作、勇敢、面對挫折等主題內容。

論理的文章就討論項目的多寡分成單項、兩項、多項題等三種，國小教材通常以單項題為主，如第七課〈一路逆風〉、第九課〈在挫折中成長〉。

單項題又可分成談論型、如何型、什麼型、為何型等四個類別：

類別	判別準則	範例
為何型	在題目前加「為什麼」或「為什麼要」結合題目語意通順者，則劃歸在為何型	康軒五上〈一路逆風〉 康軒五上〈在挫折中成長〉
什麼型	在題目前加上「什麼是」，串聯題目語意通順者稱為什麼型	康軒五下〈真正的聰明〉 康軒五下〈真相？真相！〉
談論型	題目出現談或論，稱為談論型	康軒六上〈談遇見更好的自己〉
如何型	題目出現如何或怎樣，稱為如何型	康軒六下〈如何張開追夢的翅膀〉

　　為何型議論文〈一路逆風〉、〈在挫折中成長〉如前示例，什麼型議論文以康軒五下第七課〈真相？真相！〉示例，談論型、如何型以筆者撰稿之〈談奉獻〉、〈如何勤奮學習〉示例如下：

一　什麼型

段落	課文
一、論點段	**真相？真相！** 　　對於流傳了千百年的觀念，或口耳相傳的說法，我們常常會不假思索，信以為真。然而，這些沒有經過科學驗證的內容，真的可信嗎？孟子曾說：「盡信書，則不如無書。」這句話告訴我們：不應一味的盲從，要在不疑處有疑，不斷的查證檢視，才有可能接近事實的真相。

羊與貓的旅行　看見國語課堂教學的新風景

段落	課文
二、 論據段	生活在大海中的鯨魚，有很長一段時間都被認為是魚類，因為牠的名字裡有「魚」，體型也像魚。研究生物分類的科學家們發現，在鯨的身上找不到魚類才有的「鰓」，牠是用肺來呼吸。牠也不像魚以卵生的方式繁殖，而是和哺乳動物一樣，母鯨須懷胎才能產下下一代。這些探索與驗證，讓我們推翻了不正確的認知，重新把鯨歸屬為哺乳類。
三、 論據段	古人認為海水的漲潮和退潮，是神靈的力量所造成。可是有人細心觀察，發現漲潮、退潮和月亮的圓缺，竟然有意想不到的巧合。之後，經過不斷的觀測，才發現其中的奧祕，原來潮汐是海水受太陽、月亮引力作用，引發週期性的漲落現象。後來，人們更利用潮汐變化，從事捕撈魚類的活動，如澎湖有名的「雙心石滬」，就是利用潮汐的起落，建造出省時又省力的漁撈設施。
四、 論據段	現在即便是小學生，都知道地球是圓的，但是這個觀念在以前提出時是受到懷疑的，早期有些人認為地球是平的，船隻如果航行到海洋的盡頭，就會掉下去。然而，陸續有人從觀察中產生不同的看法。於是，航海冒險家麥哲倫組織船隊啟程航行，繞了地球一圈又回到出發的地方，他用行動終於證明了「地球是圓的」這個說法，因而改變了人們「地球是平的」的觀念。

段落	課文
五、重申 論點段	由上面例子可知，生活中許多似是而非、缺少實證的觀念，常常被當作知識而流傳下來。如果我們對這些內容都確信不疑，可能就沒有辦法探尋到真相。「懷疑的精神」和「實證的態度」是兩把破除迷思的鑰匙，可以幫助我們追根究柢、探求真理，進而找出正確的答案，還原事實的真相。

談論型

段落	文章
一、 論點段	**談奉獻** 　　海倫・凱勒說：「把你的燈提高一點，以便照亮後面的人。」世界上，有許多人提著一盞盞燈火，默默貢獻心力，照亮黑暗的角落，卻從來不要求回報。這樣的人，奉獻自己，犧牲自己，卻也帶給人溫暖與希望，換來燦爛的笑容。
二、 論據段	世界展望會給了非洲人民一個願景，他們為落後國家設立計畫區，教導居民耕作、興辦教育，以及募款補足民生需求。家扶中心給了弱勢家庭的孩子一個願景，他們在臺灣各地興建服務處，深入社區幫助困頓的家庭，並發放獎學金給努力向上的學童。社會上因為有各種助人的公益團體，讓許多陷入困境的民眾，重新燃起新生的希望，他們的付出，為我們的社會注入了一股暖流。

段落	文章
三、 論據段	有一年，美國黃石公園遭逢森林大火，整片樹林幾乎燃燒殆盡。大火過後，人們進入公園探查，在某棵樹下發現有隻被燒焦的母鳥。當他們撥開母鳥的翅膀，看見幾隻雛鳥活蹦亂跳的鑽了出來，看到這一幕，所有人都為之動容！我們的父母就像這隻犧牲自己的母鳥，總是張開雙臂來保護我們，不讓我們受到一丁點傷害。因為有父母親無私的奉獻，我們才能夠張開翅膀，追尋夢想。
四、 方法段	現在的我們，可以憑藉自己微薄的力量，為他人做出貢獻，哪怕是禮讓座位給行動不便者，或是隨手撿起垃圾做環保，都可以為我們的社會、環境奉獻一分心力。
五、重申 論點段	不怕做不好，只怕不肯做！及時伸出雙手，人人都可以成為溫暖的奉獻者。

三 如何型

段落	課文
一、 論點段	**如何勤奮學習** 　　俗諺說：「活到老，學到老。」的確，學無止境，在我們一生中，應該不斷學習，才能充實自己，讓自己不斷的進步。然而，許多人常自我設限，或離開學校後，就不再學習，如此，恐被日新月異的時代拋棄，令人擔憂。因此，我們一定要把握機會勤奮向學，提升自己的知能，跟上時代的脈動。

段落	課文
二、方法段	要如何勤學，提升自我呢？首先，要有積極的求知態度，遇到問題，不是選擇放棄，而是努力尋求答案，努力解決問題。孔子入太廟每事問，所以，才能涵養出器識與格局，成為至聖先師。因此，隨時隨地都要勤奮向學，才能在每次學習中累積出能力。
三、方法段	另外，我們也可以利用零碎的時間，來充實自己，增進自己的知能。歐陽脩非常會善用時間，利用馬上、枕上、廁上三上的時間來充實自己，成為著名的文學家。因此，把握零碎的時間學習，積少成多，可以有意想不到的成果。
四、方法段	最後，也是最重要的，要虛心受教，別人教導我們時，要好好的體悟與學習。李白年少之時，不學無術，後經磨杵老婦的提點，幡然醒悟，從此積極向學，日後成為名傳千古的詩仙。所以，懷著謙卑的心，接受別人的建言，成為勤學的動力與助力。
五、重申論點段	愛迪生也曾說：「天才，就是百分之一的靈感，加上九十九分的血汗。」的確，天才幾乎都是靠努力成就出來的，所以我們更應該努力去學習新知。因此，不管幾歲，我們都要努力去學習，才能不斷的提升自己的知能，朝成功的大道前進。

註：1. 全國語文競賽99年國小組作文題：〈怎樣做對的事〉。
　　2. 教檢國語文寫作題：110年〈如何正確判讀「懶人包」〉、112年〈如何扮演稱職的扶羊人〉。

伍 文本分析

議論文的學習目的有三：

一、學習議論文的知識，認識議論文的論點、論據、論證方法和結構形式。

二、從議論文的特點，運用課文培養學生正確的思考方式，形成正確的人生觀和世界觀。

三、學習閱讀、寫作議論文的能力，培養學生用精煉、準確的語言辯論表達。

具體的閱讀教學方法有三：

一、認識議論文類型、三要素等知識，運用文本找論點、分析論據與論證方法。

（一）找出論點：論點通常與論題有關，出現在開頭段與結尾段，或僅出現在結尾段。

（二）分析論據：學習論據的類型，並確認論據對論點的證明作用。

（三）分析論證方法：掌握論據證明論點的方法。

（四）統整文體結構：依據論題，核對中心論點，深入理解論據的論證過程，統整出文體結構。

二、研討文本的內容，培養思考、邏輯知能，涵養正確觀念。

三、透過文本學習詞語、語法、修辭等語言特色。

教師備課時，可以參考下表，以提取議論文本的教學重點，有效、精確的備課，再配合教冊提供的教學資源，配合教學項目逐一教學。

重點	細項	提取課文教學內容	搭配教學項目
1. 內容	11 類型		內容深究： 提取文本類型、要素、文體結構。運用教冊閱讀理解問題討論文本
	12 三要素		
	13 文體結構		
	14 文本討論		
2. 形式	21 文體		形式深究： 運用教冊資源教導分段、繪製文體結構圖
	22 分段		
	23 結構圖		
3. 語言	31 詞語		詞語教學： 教導詞語知識
	32 語法（標點、詞類、短語、句型）		語法教學： 教導文本標點、詞類、短語、句型
	33 修辭		修辭教學： 教導修辭知識

羊與貓 的旅行 看見國語課堂教學的新風景

以〈在挫折中成長〉示例如下：

重點	細項	提取課文教學內容	搭配教學項目
1. 內容	11 類型	論理／為何型議論文	內容深究：提取文本類型、要素、文體結構。運用教冊閱讀理解問題討論文本
	12 三要素	論點：在每一次的挫折中，接受困境的磨練，以挫折考驗自己，進而磨練出堅強的意志，才能勇往直前。 論據：JK羅琳在挫折中創作成長、植物在惡劣環境中生存、繁衍成長 論證：正證法	
	13 文體結構	論點─論據─論據─重申論點	
	14 文本討論	參考教冊問題，提問討論	
2. 形式	21 文體	議論文	形式深究：運用教冊資源教導分段、繪製文體結構圖
	22 分段	四個自然段→四個意義段	
	23 結構圖	一、論點：挫折可以讓人成長 二、論據：以JK羅琳在挫折中創作成長為例 三、論據：以植物在惡劣環境中生存、繁衍為例 ｝正證法 四、重申論點：挫折可以使人成長壯大	
3. 語言	31 詞語	崎嶇、艱辛、翻譯、腐爛、鍛造	詞語教學：教導詞語知識
	32 語法（標點、詞類、短語、句型）	只有……才能…… 不僅……還要…… 為了…… 只要……就……	語法教學：教導文本標點、詞類、短語、句型
	33 修辭	設問、排比、引用	修辭教學：教導修辭知識

陸　閱讀教學

　　議論文閱讀教學，可以運用從標題學類型、讀標題找論點、找論據證論點、依論據學論證、組要素搭架構、答問題學思考、學語言練讀寫等七個步驟指導學生認識議論文。

教學步驟	教學重點
從標題 學類型	學習議論文類型：本文標題〈在挫折中成長〉，未出現「談」與「如何」兩個類型，所以先去除談論型與如何型兩個類型。接著，在題目前加上「為什麼要」，串聯後：「為什麼要在挫折中成長」語意通順，所以判定本篇文章為「為何型」議論文。
讀標題 找論點	引導學生理解題目意思，並思考社會上對題目的期待，推測本文的論點應該與勉勵學子「在挫折中成長」有關。接著，閱讀課文，請學生搜尋與題意相近的文句，發現開頭段「人生的道路上，往往崎嶇不平，甚至困境重重，只有在每一次的挫折中，接受困境的磨練，以挫折考驗自己，進而磨練出堅強的意志，才能勇往直前。」此為作者針對題目提出的主張，也就是論點。 同時，結尾段再次出現與論點相同的主張：「當挫折來臨時，可以接受挫折的敲擊試煉，以正向的心態面對逆境，從中發現自己的不足，並尋求解決問題的方法。如此，才能化危機為轉機並調整自己，進而成長壯大，綻放生命的光彩。」此為重申論點段。
找論據 證論點	引導學生找出支持論點的論據：第二段作者以JK羅琳在挫折中創作成長為例，第三段以植物在惡劣環境中生存、繁衍為例。其次，透過例子學習論據類型：第二段的例子是事例、第三段的例子是物例，掌握論據知識。
依論據 學論證	文中兩個例子均是面對挫折而成長的正面例子，因此可知作者以正面例子來論證，這種方法稱為正證法。

羊與貓 的旅行　看見國語課堂教學的新風景

教學步驟	教學重點
組要素 搭架構	依據文章先寫論點,再舉論據,最後重申論點的寫作方式,繪製文章的結構圖如下: 一、論點:挫折可以讓人成長 二、論據:以JK羅琳在挫折中創作成長為例 ⎫ 三、論據:以植物在惡劣環境中生存、繁衍為例 ⎬ 正證法 四、重申論點:挫折可以使人成長壯大 ⎭
答問題 學思考	參考教師手冊內容深究四層次問題,透過提問或討論,指導學生思考、表達與發表,培養正確之人生觀與價值觀。
學語言 練讀寫	運用本課詞語、句型、修辭指導學生掌握詞語、語法、修辭知識,並引導學生運用知識發展閱讀、寫作策略。

第 6 章

認識應用文特徵及其教學重點

本章主要引導教學者認識國語文課綱中應用文的學習重點，掌握應用文的類型、格式等知識，及指導閱讀、寫作教學策略。

壹 課綱學習重點

應用文從第一學習階段即開始出現。課綱對應用文「學習重點」的規範如下：

✦ 閱讀學習表現

第一學習階段	第二學習階段	第三學習階段
5-I-5 認識簡易的記敘、抒情及應用文本的特徵。	5-II-5 認識記敘、抒情、說明及應用文本的特徵。	

內涵說明 應用文在處理人與人之間、人與團體，不同於情感期待所使用的固定形式內容。

✦ 寫作學習表現

第一學習階段	第二學習階段	第三學習階段
	6-II-4 書寫記敘、應用、說明事物的作品。	

內涵說明 書寫應用文如卡片、書信、讀書報告、日記、便條等作品。

應用文學習內容

第一學習階段	第二學習階段	第三學習階段
Be-I-1 在生活應用方面，如自我介紹、日記的格式與寫作方法。 Be-I-2 在人際溝通方面，以書信、卡片等慣用語彙及書寫格式為主。	Be-II-1 在生活應用方面，以日記、海報的格式與寫作方法為主。 Be-II-2 在人際溝通方面，以書信、卡片、便條、啟事等慣用語彙及書寫格式為主。 Be-II-3 在學習應用方面，以心得報告的寫作方法為主。 Be-II-4 應用文本的結構。	Be-III-1 在生活應用方面，以說明書、廣告、標語、告示、公約等格式與寫作方法為主。 Be-III-2 在人際溝通方面，以通知、電子郵件、便條等慣用語彙及書寫格式為主。 Be-III-3 在學習應用方面，以簡報、讀書報告、演講稿等格式與寫作方法為主。

　　課綱對應用文閱讀、寫作學習表現及學習內容之規範，將應用文分成生活應用、人際溝通、學習應用三大面向。

　　三個學習階段的學習類別分別是：

　　一、第一學習階段：自我介紹、日記、書信、卡片。

　　二、第二學習階段：日記、海報、書信、卡片、便條、啟事、心得報告。

　　三、第三學習階段：說明書、廣告、標語、告示、公約、通知、電子郵件、便條、簡報、讀書報告、演講稿。

上述學習類別相較九年一貫課程，新增廣告、標語、電子郵件與簡報，應與時代需求有關，至於「說明書」乙項屬於說明文，可移至說明文單元教學。各類別應用文教學時，可透過閱讀教材學習各類別之特有格式、結構與慣用語，以利遷移寫作。部分類別如自我介紹、簡報與演講稿，可以結合口語表達課程，引導學生利用簡報與講稿作報告、發表。

貳 定義（特徵）

應用文是機關或群眾為處理日常生活需要，以公文、書信、卡片、便條、日記、通知、布告、啟事、規則、報告、海報、講辭、題辭、電子郵件、對聯、簡報、標語、新聞、計畫、紀錄、自傳履歷、契約等具有慣用格式的各類型文章。

應用文首重格式，不同類型的應用文有不同的外部格式與慣用語，這些格式使書寫的內容成為歸屬應用文的依據，即便內容是記敘文或抒情文，但出現日期格式，則成為「日記」；內容是說明文，但出現標題、條文、單位、日期等格式，則成為「借書規則」，均以應用文稱之。

參 類別

課綱列出的應用文類別約有十七項。其中以日記、書信、卡片、便條、電子郵件、讀書報告等項適合國小學童閱讀與寫作，優先示例如下。其餘項目以閱讀教學為主，如告示、公約、通知、啟事，或結合口語表達課程教學，如自我介紹、簡報、演講稿，或搭配學校活動作設計教學，如海報、廣告、標語。

一 日記

示例	格式說明
墾丁之旅	空四格寫出標題
113年4月5日星期五天氣晴	頂格寫出日期，國字或阿拉伯數字均可
爸爸利用清明連假，事先訂好了飯店，一早就叫醒全家，載我們南下墾丁旅遊。雖然，大家睡眼惺忪，卻難掩興奮的心情。 　　……。	敘寫經歷的事件內容。通常以記敘文或抒情的體例書寫。

以康軒二下第十一課〈小讀者樂園〉為例：

　　　　　小讀者樂園

五月九日星期日天氣雨

　　今天，我和哥哥一起去圖書館，參加「小讀者樂園」的活動。

　　這次的主題是「蟲蟲大力士」，主講人除了教我們認識各種不同的甲蟲，還說明甲蟲的一生。聽完後，我們開始畫甲蟲卡。我仔細的看、認真的畫，對甲蟲的外形更加清楚。為了想要進一步認識甲蟲，我借了《甲蟲王》這本書回家。

　　借書時，圖書館的志工告訴我，下個星期還有「作家有約」和「生活中的數學」，歡迎大家一起來交流。這些活動我都想參加，真讓人期待！

回到家，我一邊看著借來的書，一邊回想著今天的活動，才知道甲蟲的世界這麼奇妙。哥哥說，下個月「小讀者樂園」的主題是「小人國冒險記」，一聽到這個消息，我就想先去圖書館借故事書。

圖書館真像一座大寶庫，在那裡可以得到許多知識，我要探索其中的奧祕。

書信、卡片、便條、電子郵件

書信、卡片、便條、電子郵件的格式相同，三家出版社無論先編輯哪一個類別，均可以教授一款格式，讓學生遷移至其他類別。

示例	格式說明
小青：	頂格寫出稱謂（或名字），也可加上親密用語
好久不見，你好嗎？	問候段。寫出簡單問候語。
這學期你轉學到北部學校，是否都適應了？看著你以前坐過的位置，滿滿的回憶浮上心頭。	主體段：主要是呈現寫信的目的。可以一段一個目的，也可以多段一個目的。
祝你 學業進步	祝福語。敬祝要空兩格，學業進步要頂格，不用加標點。
友立美上	署名：要置後或置右。依序寫出關係詞、名字與信末敬詞。
113年4月4日	日期：要置後或置右。寫出年月日。

小提醒 便條又稱簡化的書信，有些使用時機屬臨時留言性質，可省略問候語與祝福語。

以康軒二上第十二課〈新年快樂〉為例：

親愛的奶奶：

您好嗎？

前天，爸爸帶我們到港口跨年，這是來到雪梨後的第一個新年。明明是跨年夜，卻不是冷冷的冬天，因為這裡跟臺灣的季節正好相反。第一次不用穿著大衣、吹著冷風跨年，真新奇！

那晚，我們跟著遊客慢慢前進，找到一個看煙火的好地點，一邊吃著點心，一邊靜靜的等待。午夜十二點一到，七彩的煙火就跟著音樂朵朵綻放，點亮了夜空和河面，為新的一年帶來新的希望。我還拍了幾張美麗的相片，要和您一起看呢！

雪梨跨年的煙火雖然美麗，但是我最喜歡的還是臺灣的春節。媽媽說我們會早點兒回去，和您一起大掃除、買年貨、吃年夜飯……。我好期待全家人團聚的美好時光！

敬祝

新年快樂

^孫真真敬上

一月二日

小提醒 署名的關係詞如果晚輩寫信給長輩，則需同一行縮小偏右（直書）或偏上（橫書）。

至於信封分成直式與橫式兩款，均以三路方式書寫收件人地址、收件人與寄信人地址。說明如下：

一、直式信封

右路書寫收信人的住址，在六碼郵遞區號下方中間空一格後開始寫起。

中路寫收信人的姓名、稱謂及啟封詞，如：溫純如小姐啟（或收），也可以將職稱與名字對調，但對調後名字要側右或偏上，以示尊重，如：溫老師純如啟。書寫位置均分文字於欄位內，字體可以略大於左右路字體。啟封詞不可寫敬啟、敬收、恭啟、恭收，要求對方「恭敬」的打開信件，此為不禮貌用法。左路寫寄信人的地址，連同姓與緘（或寄）一整行置於郵遞區號前。姓與緘（寄）也可不寫。

若需寫出單位名，可寫於中路姓名欄外側靠近地址位置。

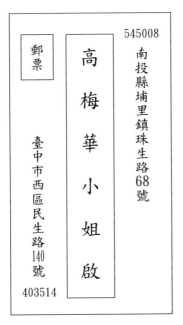

二、橫式信封

　　橫式信封書寫內容同直式信封。惟左上區域寫寄信人的郵遞區號及地址,正中央區域先寫收信人的郵遞區號、地址,緊接著下方寫收信人的姓名、稱謂及啟封詞,郵票貼於右上角。

　　若需寫出單位名,可寫於中路姓名欄外側靠近地址位置。

```
403514
臺中市西區民生路140號                          郵票


            545008
            南投縣埔里鎮珠生路68號

        高　梅　華　小　姐　啟
```

```
403514
臺中市西區民生路140號                          郵票


            545008
            南投縣埔里鎮珠生路68號

        高　主　任　 梅 華 　啟
```

三 讀書報告

　　讀書報告通常由書籍基本資料、內容摘要及心得感想三部分組成,可分成條列式、短文式、綜合式三種。

（一）條列式

條列式主要是依據條列的標題，填寫相對應的內容。

示例	格式說明
一、基本資料 書名： 作者： 出版社： 出版日期： 閱讀日期：	依據書籍版權頁，填入標題冒號後。項目可增列或減列，如書籍是翻譯的繪本，除了作者外，還可增列譯者、繪者。
二、內容摘要	摘要書籍或篇章內容，以利閱讀者迅速掌握文本內容。
三、心得感想	寫出讀完書籍或文章的心得感想。
四、美詞佳句	也可摘錄書籍或文章中的美詞佳句。

（二）短文式

短文式撰寫的內容與條列式相同，但不出現標題，以段落短文的形式呈現。

示例	格式說明
（一、基本資料：書名、作者、出版社等項目）	以段落寫出閱讀書籍的相關資料，亦可帶入閱讀緣起。
（二、內容摘要）	以段落摘要書籍或篇章內容，以利閱讀者迅速掌握文本內容。
（三、心得感想）	以段落寫出讀完書籍或文章的心得感想。

（三）綜合式

　　綜合式撰寫的方式是書籍基本資料以條列式書寫，內容摘要與心得感想以短文式書寫。

示例	格式說明
一、基本資料 書名： 作者： 出版社： 出版日期： 閱讀日期：	依據書籍版權頁，填入標題冒號後。項目可增列或減列，如書籍是翻譯的繪本，除了作者外，還可增列譯者、繪者。
（二、內容摘要）	以段落摘要書籍或篇章內容，以利閱讀者迅速掌握文本內容。
（三、心得感想）	以段落寫出讀完書籍或文章的心得感想。

　　以康軒四下第五課〈讀書報告──藍色小洋裝〉為例：

《藍色小洋裝》讀書報告

書籍資料：

書名：藍色小洋裝

作者、繪者：張又然

出版者：青林

出版日期：西元二〇一七年六月

內容簡介：

　　老街的踩街活動就要開始，穿著白色洋裝的小玉，卻躲到樹林裡哭泣。因為她只要穿上化學染製的衣服，就會全身過敏發癢，沒辦法和同學一樣穿上花衣裳遊行。

在樹林裡，馬藍化身的精靈男孩用神奇的藍色顏料，在小玉的白洋裝畫了一朵小花。小玉驚訝的發現，這種顏料竟然不會讓她過敏。奶奶知道了，便採回馬藍，帶著她一起做天然的植物染料。做染料時，小玉總是急著要染衣服，奶奶卻說不能急，要慢慢來，還得讓染料「吃」麥芽糖呢！

染料完成後，小玉和奶奶將布料放進去慢慢的搓揉，把原本白色的洋裝，染成美麗的藍色小洋裝。

讀後心得：

這本書封面上的藍色小洋裝，印染著大大小小的花，與天空交錯成深深淺淺的藍，讓人一看就印象深刻。

故事中的奶奶，是我最欣賞的角色。當她發現小玉心中的渴望與困境時，便馬上行動，製作天然的染料，染製成藍色小洋裝，一圓小玉想穿花衣裳的夢想。奶奶對小玉的愛，讓我覺得既溫暖又感動。

原本好奇她們製作染料時，為何要加入麥芽糖，後來查資料，我才知道這樣做可以幫助染料發酵。這種傳統藍染古法，以植物馬藍作為天然染料，沒有化學成分，環保又對人體無害，在在展現了前人的生活智慧，真是令人讚嘆。

讀完這本書，讓我對藍染文化產生濃濃的興趣，我也要找機會參加一場體驗之旅，像小玉一樣，親手製作一件自己的花衣裳。

第 7 章 | 認識故事特徵及其教學重點

本章主要引導教學者認識國語文課綱故事的學習重點，掌握故事的類型、結構等知識，及指導閱讀教學策略。

壹 課綱學習重點

閱讀學習表現

第一學習階段	第二學習階段	第三學習階段
無	無	無

寫作學習表現

第一學習階段	第二學習階段	第三學習階段
無	無	6-III-4 創作童詩及故事。

內涵說明 引導學生透過閱讀、認識、了解、產生興趣，進而習作，創作童詩及故事。

文字篇章（4. 篇章）學習內容

第一學習階段	第二學習階段	第三學習階段
Ad-I-3 故事、童詩等。	Ad-II-3 故事、童詩、現代散文等。	Ad-III-3 故事、童詩、現代散文、少年小說、兒童劇等。

由課綱條文可知，故事出現在學習內容A文字篇章4.篇章欄位內，自第一學習階段起，教授學童「故事」。惟故事是重要的「閱讀」文本，理應放置在閱讀學習表現，與記敘文、抒情文、說明文、應用文、議論文等同個位置，指導學生認識故事特徵，目前置於「篇章」項下，與標題不符，也不妥適。

另，第三學階段在寫作學習表現部分，要指導高年級學童創作故事。

貳 定義（特徵）

故事是某人或某物，在某個時間，某個地區發生的真實或虛構的動態事件。

由定義可以初步分出四個類型：

一、某人真實的動態事件：如〈蚊帳大使〉的女主凱薩琳，為非洲兒童募集蚊帳，預防瘧疾的事件。

二、某人虛構的動態事件：如〈一束鮮花〉的男主角，因一束鮮花改變環境、改變自己的事件。

三、某物真實的動態事件：如〈遠方來的黑皮〉主角黑皮，即是以黑面琵鷺的遷徙、生活習性為雛形撰寫的事件。

四、某物虛構的動態事件：如〈小丑魚和海葵〉的海葵保護小丑魚免受大魚欺負的事件。

從上述故事的定義與分類可以得知，故事是作者寫「別人」與「別物」發生的事件內容，與寫作者自己發生的事件內容和感受的記敘文、抒情文有所不同。惟受到82年《國民小學

國語課程標準》的影響，將故事納入記敘文中，導致長期以來三家出版社將故事體文章標示為記敘文，適逢新課綱將故事體獨立，未來教學應確實將記敘文與故事分家，讓各文章的文體歸屬名實相符。

又，某人真實的故事與某物真實的故事兩類，若其內容確以真實發生的事件為基礎，且能傳遞知識訊息給讀者學習，則也可以重複歸類為說明文，如〈永遠的馬偕〉既是說明文，又是某人真實的故事。

參 要素

故事的要素有主題、人物、事件三要素，也有將事件換成情節的說法。

「事件」指的是內容的先後關係，如：金魚爸爸死了，金魚媽媽也死了；而「情節」指的是因果關係，如：金魚爸爸死了，金魚媽媽因而悲傷而死。故事在演變、創作過程，也會受到其他文類寫作手法的影響，慢慢從「事件」移轉到「情節」，讓故事內容有因果連結，增加可看度。

肆 故事結構

林文寶（1987）認為故事本身須有一個完整的結構，它包含主題、角色、情節、背景、文體風格等要素。換言之，「故事結構」是故事文本內容的組成方式。

Rumelhart（1975）提出六條文法規則（grammar rule）來

界定故事普遍性的結構，將故事先由背景、事件為主要元素展開，事件再分成無數個事件與主角對事件的反應，進而衍生出心理反應、行動及結果等元素，元素與元素之間有一定的語意（semantic）關係，這些關係即為故事的文法規則，依循這些規則組成故事的結構。Mandler & Johnson（1977）發現民間故事常由「背景＋插曲」組成，插曲由「開頭＋發展部分」組成，發展部分由「反應＋結束」組成，反應可分成簡單反應和複雜反應兩種：反應＝簡單反應＋行動，或反應＝複雜反應＋目標途徑，目標途徑又可分成嘗試＋結果。

徐雪貞（1991）彙整故事元素如下表：

元素	重點說明	問題
背景	主要是介紹主角、時間、地點以及故事發生的有關事件。	故事發生在什麼時候？ 故事發生在哪裡？ 誰是主角？ 主角的特徵、個性為何？
引發事件	引發主角形成目標或採取行動的事件。	那時（裡）有什麼特別的事物使故事發生？
內在反應	主角因引發事件而產生的情緒、想法或計畫。	主角對那件事的感覺或想法是什麼？ 主角設定的目標是什麼？ 有沒有什麼計畫？
嘗試解決	主角針對目標所採取的行動。	主角採取什麼行動來達成目標？
結果	行動後是否達成目標。	行動結果如何？
回響	主角對行動結果的感受、想法，以及因結果產生的影響。	主角對結果有什麼感受？ 主角得到（或失去）什麼？ 結果產生什麼影響？ 發生什麼與結果有關的事？

伍 類別

故事的類別很多。吳鼎（1991）將兒童故事分成生活故事、神仙故事、科學故事、歷史故事、地理故事、衛生故事、道德故事、民間故事、探險故事、藝術故事、文學故事、聖經故事等十二類。林守為（1989）將故事分成生活故事、自然故事、歷史故事、民間故事等四類。教育部（1993）《國民小學國語課程標準》將故事分成童話、寓言、神話、民間故事、自然故事、歷史故事、科學故事等類，並標示出現的年級，可作為教材編選或建議學生閱讀選材的參考。

項目	年級						備註
	一	二	三	四	五	六	
童話	⊙	⊙	⊙	⊙			
寓言	⊙	⊙	⊙	⊙	⊙	⊙	
神話			⊙	⊙	⊙	⊙	
民間故事		⊙	⊙	⊙	⊙	⊙	
自然故事		⊙	⊙	⊙	⊙	⊙	
歷史故事		⊙	⊙	⊙	⊙	⊙	
科學故事					⊙	⊙	

國小教材常出現的故事類，分述、示例如下：

一 生活故事

生活故事是講述虛構或真實人物在生活中發生的事件內容。以康軒六上第一課〈跑道〉為例：

跑道／陳肇宜

六年級男生四百公尺接力賽就要起跑了！這是運動會的壓軸項目，也是目前積分共同領先的五班和六班，爭奪總冠軍的決勝戰。政彬站在起跑點，看著五班的選手充滿自信的表情，手中的接力棒頓覺沉重起來……。

前幾天集訓時，老師突然要政彬和名揚調換棒次，他解釋說：「名揚的衝刺技巧比較好，由他來跑第四棒最理想。」

政彬對於失去自己拿手的第四棒，感到十分委屈，他認為老師偏心，因為名揚是班長，才會要他把勝利抵達終點的榮耀讓給名揚。因此當第二天班長要他搬運器材時，本來就因競選班長落敗而一直心存怨恨的他，終於無法抑制不滿的情緒，不但大聲拒絕，還露出相當不高興的表情，還好老師及時趕來安撫，又有兩位同學自願幫忙，這才化解了尷尬的場面。事後，政彬對自己的無理取鬧並不後悔，甚至打算在接力賽時，故意放慢速度，讓名揚無法如願。

不幸的事發生了。在今天上午的跳高比賽中，名揚不小心受傷，把幾乎到手的冠軍拱手讓人。原本勝券在握的四百公尺接力，也因而變成一場勢均力敵的比賽。

老師擔心的問名揚：「你傷得重不重？要不要換候補選手上場？」名揚不但直搖頭，還原地慢跑幾步，說：「已經不要緊了，只不過是一點皮肉傷，難不倒我的。」第二棒的子強拍著名揚的肩膀說：「你放心，我們會努力跑，幫你領先一段距離。為了班上的榮譽，我們一起加油！」子強轉頭看著政彬：「更何況，我們還有起跑速度

最快的第一棒呢！『團結就是力量』，相信只要大家一條心，我們一定可以打敗五班。」政彬聽了，雖然內心既激動又慚愧，卻不知該說些什麼，只好默默的低下頭。

現在，政彬凝視著向前延伸的跑道，想起老師曾經說過：「接力賽就是團隊精神的表現，只要每位選手都能盡心盡力，一棒接一棒的傳遞下去，直到成功抵達終點，不管第幾棒，都是跑道上最閃亮的明星。」

「各就各位——」此時，政彬已經有所領悟：「對！我應該放下個人的得失，為自己也為班級的榮譽努力向前。」政彬如同面對強敵的英勇戰士，全身充滿力量和鬥志。當發令槍一響，政彬就像獵豹般向前衝刺，很快就繞過彎道，交棒給子強。當政彬趕到終點附近時，第三棒的家豪已經交棒給名揚了。

這時加油聲四起，只見名揚和對手不相上下、勝負難分。政彬緊張得心臟幾乎要跳出來，他看到名揚的臉因奮力而扭曲著，並在瞬間超前其他選手。最後，十公尺……五公尺……終點！

政彬再也壓抑不住興奮的情緒，猛然衝向前去抱住名揚，忘形的喊著：「你贏了！你贏了！」名揚愣了一下，隨即也抱著政彬，喘著氣大叫：「我們贏了！我們終於贏了！」

◨ 童話故事

　　童話故事運用借替（擬人、變人、變物）、假定（異人、異事、異物、異地）、誇張等手法寫出的事件內容。以康軒三下第四課〈小丑魚和海葵〉為例：

小丑魚和海葵

　　在神祕的大海中，有一大片的漂亮的海葵，有的像紅寶石，有的像綠寶石，有的像一朵花，有的像一棵樹，形成一個巨大的花園城堡。小丑魚開心自在的和朋友一起在這裡遊玩。

　　這一天有條黃色的大魚在遠遠的地方就看見小丑魚，心中有了一個想法。他慢慢的靠近，好聲好氣地說：「早安！這裡真熱鬧，你們在做什麼？好像很有趣，我可以參加嗎？」

　　小丑魚笑著說：「你好！我們在玩躲貓貓，你也一起來玩吧！」大魚輕輕擺動尾巴游了過去。沒想到他一靠近，就露出不懷好意的笑容，張開大大的嘴巴，吸了一口氣。小丑魚意識到他居心不良，趕快找地方躲起來。海葵眼看小丑魚驚慌的左右閃躲，大叫一聲：「快！躲到我這裡！海葵等到大魚靠近時，抓準時機射出刺針。「好痛！」大魚哇哇叫，只好使出全力游出花園城堡。

　　海葵望著遠去的大魚說：「我的觸手雖然美麗，卻是有毒的。小丑魚是我的好朋友，誰都不能欺負他。」

　　小丑魚感動的說：「謝謝你！每當我遇到危險，都是你出面幫忙。」

三 民間故事

民間故事指流傳於民間的傳說事件內容。以康軒三下第十二課〈還要跌幾次〉為例：

> **還要跌幾次**
>
> 從前，在一個小小的村子，村子後頭有一座山，山上有段很陡的坡，村子裡的人把它叫做「三年坡」。這座山坡有個可怕的傳說，村民經過時不是心驚肉跳，就是驚慌失措，還編了歌謠相互提醒。
>
> 有一天，金老伯不小心在坡上跌跤了，想起村子裡流傳的歌謠：「三年坡上跌一跤，只活三年怎麼好？千萬別來跌了跤，只活三年真糟糕！」他回家後整天唉聲嘆氣，心情非常不好。
>
> 住在附近的小男孩聽了，自告奮勇地說：「我有辦法！」金老伯很難過，有氣無力的說：「沒用的，我在三年坡上跌跤，誰也救不了我。」
>
> 小男孩笑著說：「跌一跤只能活三年沒錯，但跌兩次不就可以活六年？假如有人跌三次或更多次呢？」
>
> 過了一會兒，金老伯才恍然大悟：「那不就是『跌得越多，活得越久』了嗎？」在家人的陪伴下，金老伯再度來到三年坡，他一邊笑，一邊故意跌跤，大家在一旁大聲的數著：「一、二、三……。」金老伯原本毫無生氣的模樣，也變得有精神多了。
>
> 從此以後，大家見過三年坡，終於可以安心的走路。萬一有人跌了跤，旁邊的人扶起他時，還會笑著問一聲：「你是想再跌五次，還是再跌十次呢？」

（四）歷史故事

歷史故事是以史實或民間傳說為依據所創作的事件內容。以康軒二上第九課〈大象有多重？〉為例：

> ### 大象有多重？
>
> 從前，有人送曹操一頭大象，兒子和親朋好友陪他去看大象。大象高大的身子像小山，粗大的腿像柱子。大家都想知道這頭大象有多重？
>
> 曹操高聲的問：「誰可以秤出大象有多重呢？」有人說：「可以砍下大樹做成大秤。」有人說：「把大象分成好幾部分再來秤。」曹操聽了氣得直搖頭。
>
> 這時，曹沖走過來說：「我有一個好方法。首先，把大象牽到大船上，看船身下沉多少。接著，沿著水面，在船身上畫線。然後，把大象牽走，再把石頭放到船上，直到大船下沉到畫線的地方。最後，秤一秤船上的石頭，石頭有多重，大象就有多重啊！」
>
> 曹操用這個方法，很快就知道大象有多重。沒想到小小年紀的曹沖，竟然可以想出秤大象的方法呢！

（五）寓言故事

寓言故事是以擬人或某人發生的事件，且寄託意味深長的道理。以康軒二上第八課〈「聰明」的小熊〉為例：

> ## 「聰明」的小熊
>
> 有一天，口渴的烏鴉為了要喝瓶子裡的水，想出一個喝到水的好方法。森林裡的動物們知道了，都說烏鴉真是聰明！
>
> 有一次，小熊到外地旅行。到了中午，他又熱又渴，想要找水喝。東找西找，他看到一個裝有半瓶水的小瓶子。小熊馬上找了許多小石頭放進瓶子裡，開心的看著瓶裡的水越升越高。
>
> 路過的小馬看見小熊的動作，好奇的問：「你為什麼要這麼做呢？」小熊說：「難道你忘了烏鴉喝水的故事？那烏鴉多聰明啊！看！我可是一學就會呢！」
>
> 「哈哈哈！」小馬笑著問：「你真『聰明』！但是，你為什麼不拿起瓶子喝水呢？」

六 科學故事

科學故事是以自然界的自然物或科學現象寫出的事件內容。以康軒二上第十一課〈遠方來的黑皮〉為例：

> ## 遠方來的黑皮
>
> 黑皮穿著白色的大衣，戴著黑色的面具，飛起來就像美麗的舞者。他和同伴們飛過高山，越過海洋，從寒冷的北方，來到溫暖的河口。
>
> 這是黑皮第一次飛往南方，他好奇的東看西看，說：「這裡真的有好多魚呢！」聽到黑皮的話，同伴們忙著從

空中飛下來，把黑黑扁扁的大嘴伸進水中找魚吃。過了一會兒，大家都吃得好飽！

這時黑皮看到身上的大衣有泥沙，慌張的說：「我要快點把衣服洗乾淨。」他站在水中，用力的拍動翅膀，想洗去身上的泥沙，同伴也熱心的幫忙。

在冬天的陽光下，黑皮和同伴快樂的生活，河口充滿了歡樂的聲音。等這裡的天氣變得更暖時，他們會再次越過海洋，飛過高山，回到思念的故鄉。

陸 閱讀教學

故事教學除了在內容深究透過提問引導學生思考、討論、發表外，值得關注的是，課綱自第一學習階段開始，要求指導學生運用「故事結構」策略，理解及重述文本內容。因此，教師可以運用故事結構表，讓學生按照表格架構與問題，摘錄出故事文本之重點，有助學生理解文本內容，進而利用摘錄之重點重述故事。故事結構表如下：

元素	重點說明	摘錄文本重點
背景	故事發生在什麼時候？ 故事發生在哪裡？ 誰是主角？ 主角的特徵、個性為何？	
引發事件	那時（裡）有什麼特別的事物使故事發生？	

元素	重點說明	摘錄文本重點
內在反應	主角對那件事的感覺或想法是什麼？ 主角設定的目標是什麼？ 有沒有什麼計畫？	
嘗試解決	主角採取什麼行動來達成目標？	
結果	行動結果如何？	
回響	主角對結果有什麼感受？ 主角得到（或失去）什麼？ 結果產生什麼影響？ 發生什麼與結果有關的事？	

第 **8** 章 | 認識詩歌特徵及其教學重點

　　本章主要引導教學者認識國語文課綱詩歌的學習重點，掌握詩歌的類型。

壹　課綱學習重點

✦ 閱讀學習表現

第一學習階段	第二學習階段	第三學習階段
無	無	無

✦ 寫作學習表現

第一學習階段	第二學習階段	第三學習階段
無	6-II-5 仿寫童詩。	6-III-4 創作童詩及故事。

內涵說明	引導學生透過閱讀、認識、了解、產生興趣，進而習作，創作童詩及故事。

✦ 文字篇章（**4. 篇章**）學習內容

第一學習階段	第二學習階段	第三學習階段
Ad-I-3 故事、童詩等。	Ad-II-3 故事、童詩、現代散文等。	Ad-III-3 故事、童詩、現代散文、少年小說、兒童劇等。 Ad-III-4 古典詩文。

由課綱條文可知，詩歌出現在學習內容A文字篇章4.篇章欄位內，自第一學習階段起，教授學童「童詩」。童詩與古典詩屬韻文，相對於散文裡的記敘文、抒情文、說明文、議論文、應用文等體裁，是重要的文本類型，同樣應置於閱讀學習表現，指導學生認識現代與古典詩歌的特徵，目前置於「篇章」項下，與標題不符，也不妥適。另，新課綱以「童詩」取代82年國語課程標準、100年九貫國語課程綱要的「詩歌」，也會造成無法指稱教材中「兒歌」文本的窘境，建議在文體教學時，仍以「詩歌」稱之，或具體區分出兒歌或童詩，直接以兒歌或童詩稱之亦可。最後，寫作學習表現在第二階段要指導學生仿寫童詩，第三學習階段要指導學生創作童詩。

貳　定義（特徵）

現代文學分成現代散文、現代小說、現代詩歌與現代戲劇四類，簡稱文類。現代詩歌中，適合兒童閱讀或專門創作給兒童欣賞的作品稱為兒童詩或童詩。

童詩與兒童歌謠密不可分，兒童歌謠古稱童謠，現代稱為兒歌，二者合稱兒童詩歌。童詩屬現代詩，不講求押韻，兒歌則要須適合於兒童心理的協韻歌詞，通常押尾韻，可一韻到底，也可換韻。

參　類別

兒童詩歌分成兒歌與童詩。兒歌與童詩可以分成寫人、敘事、狀物、記景等類別，也可以按照體裁分成敘事、抒情、描

寫、說明、議論、故事等類別。兒歌句法可分整齊（如三言、四言、五言、七言）、不整齊兩類，童詩的句子通常以不整齊的句式為主。如下示例：

兒歌	童詩
紅綠燈	紅綠燈
紅黃綠，三兄弟（一）， 在路口，守著你（一）。 綠燈亮，不要停（ㄥ）， 黃燈亮，快點行（ㄥ）， 紅燈亮，要暫停（ㄥ）， 馬路口，別遊戲（一）， 專心走，不淘氣（一）。	路口住著三個兄弟， 綠小弟是和平的小天使， 看到他， 大家都歡喜的向前走。 黃二哥是個緊張大師， 一出來， 總是要大家「快點！快點！」 紅大哥的樣子最可怕， 每次出現， 大家就嚇得不——敢——動！

　　古典詩歌分成古體詩與近體詩。第三學習階段開始學習古典詩文，在古典詩部分依據學習五言絕句、七言絕句、五言律詩、七言律詩，古典文部分主要教授簡易文言文，如寓言故事，以利學生銜接國中教材。

一 兒歌

　　以康軒四上第十課〈奇幻旋律〉示例：

奇幻旋律

故事便利貼

　　一千零一夜是阿拉伯世界的民間故事，內容充滿天馬行空的奇幻色彩。讓我們隨著故事中的人物一同冒險，滿足心中的渴望與夢想。

　　上下左右——轉轉轉！
　　東西南北——變變變！
　　中東世界雖遙遠，
　　奇幻旋律在耳邊……。

　　輕輕薄薄身子扁，
　　上天下地一轉眼。
　　坐上來吧！快一點！
　　我載你離開危險，
　　一瞬間來到天邊。
　　一起遨遊！
　　千山萬水來體驗。
　　一同飛翔！
　　美好風光到眼前。

　　頭硬硬，牙尖尖。
　　「芝麻芝麻請開門！」
　　聽到暗語我張嘴。

小心！別讓大盜發現。
邁開大步走向前，
黃金閃閃一大片。
只怕你——
心思一轉起貪念，
困在我的肚裡面。

鼻尖尖，臉圓圓，
沉睡洞裡數千年，
快快幫我來解圍。
揉揉臉龐搓鼻尖，
神燈巨人我出現，
報答恩情送心願。
山珍海味、
榮華富貴……。
說吧！說吧！為你實現！

前後古今——轉轉轉！
分秒時刻——變變變！
中東再也不遙遠，
奇幻旋律已傳遍。

二 童詩

以康軒四下〈未來的模樣〉示例：

未來的模樣

我想問問星星，
我想問問微風，
誰能告訴我，
未來還有多遠？
未來是什麼模樣？

高鐵、飛機和輪船，
載著我們的足跡，
移動到每一個地方。
未來的旅行，
會不會搭上火箭，
就能開心拜訪外星人的故鄉？
會不會穿越一道任意門，
就能馬上到達目的地？

打開網路，
連結世界，
在不同的國度，
我們可以彼此關心，互相祝福。
未來的傳輸，
是不是敲一敲鍵盤，
禮物就從光速機裡跳出來，
把心意直接送到好友面前？

有的地方糧食充足，
有的地方饑荒連年。
未來的食物，
可不可以永久保鮮？
運輸的方式，
能不能夠瞬間傳送？
讓糧食的分配更加平均，
讓遙遠的地方不再害怕饑荒。

氣候變遷導致地球暖化，
食物短缺造成全球糧荒，
我們關心環境的惡化，
期盼解除地球的危機。
未來的世界，
能不能善用科技的美好，
讓大家遠離不安的處境，
攜手迎向幸福的願景？

微風輕輕的唱著歌，
星星悄悄的眨著眼，
讓我偷偷的告訴你，
在睡夢中的新世界，
我已經看到未來的模樣。

三 古典詩

以康軒第十課〈山中寄情〉示例：

山中寄情　王維、韋應物

作者簡介

　　王維（西元六九九年─七五九年），從小就接觸藝術與文學，詩琴書畫樣樣精通。他是唐朝著名的山水田園詩人，作品大多描繪恬淡的生活，展現「詩中有畫，畫中有詩」的意境。

　　　送別　　唐 王維

山中相送罷①，日暮掩②柴扉③。

春草明年綠，王孫④歸不歸？

注釋

①罷：完畢。

②掩：關上。

③柴扉：以樹枝木幹做成的門。形容簡陋的居所。

④王孫：對他人的尊稱。這裡指的是友人。

語譯

　　送你離開我居住的山林，回到家裡已經是傍晚，我輕輕的把柴門關上。心想明年春天來的時候，這裡又會是一片草綠，而你會不會再來呢？

賞析

　　這首詩描寫詩人送朋友離去之後的心情。詩的第二句藉由獨自關門的畫面，描寫心中的孤單。第三、四句寫出詩人才剛與朋友道別，便聯想到大自然的春草生長有一定

的時間，但朋友何時再來卻無法確定，深刻表達了他對友人的看重與盼望。

王維從生活中取材，透過不同的畫面顯現真誠的情感，這些看似簡單而平常的舉動或景物，卻耐人尋味，引發讀者細細品味與無限的想像。

作者簡介

韋應物（西元七三七年—八三〇年？），唐朝著名詩人，他透過描寫山水田園的景象，表現出清靜閒適的心境，詩句雖然簡潔，卻流露出真誠的情感。

秋夜寄丘員外① 　　唐 韋應物
懷君屬②秋夜，散步詠③涼天。
空山松子落，幽人④應未眠。

注釋

①丘員外：韋應物的好朋友，當時，他在山中隱居。「員外」在這裡是官職的名稱。

②屬：正值。

③詠：歌唱，吟唱。

④幽人：隱居在山林的人，這裡指的是丘員外。

語譯

在這秋天的夜晚，我深深懷念起遠方的你。此刻的我，正一邊散步，一邊吟詠，感受秋夜的涼意。在這空曠的山中，只聽到一顆顆松果落地的聲音，我想，你可能也還沒入睡吧！

賞析

　　這是一首思念朋友的詩，詩人藉詩句表達心中想念友人的情懷。詩的前兩句寫時間、季節及詩人邊散步邊詠詩的情景，後兩句寫松子落地的景象，以及對友人產生的猜想。

　　韋應物在安靜的秋夜裡，聽見松子落地的聲響，引發了無限的想像。他僅用了簡短的四個句子，就把對丘員外的想念充分表露出來，雖然與朋友分離兩地，對他的掛念卻長存心中。

第 **9** 章 　認識劇本特徵及其教學重點

　　本章主要引導教學者認識國語文課綱戲劇的學習重點，掌握劇本的樣式。

壹　課綱學習重點

✦ 閱讀學習表現

第一學習階段	第二學習階段	第三學習階段
無	無	無

✦ 寫作學習表現

第一學習階段	第二學習階段	第三學習階段
無	無	無

✦ 文字篇章（**4.** 篇章）學習內容

第一學習階段	第二學習階段	第三學習階段
無	無	Ad-III-3 故事、童詩、現代散文、少年小說、兒童劇等。

　　依據課綱，學童於第三學習階段開始學習兒童劇，透過閱讀劇本，認識新的文學類型。不過，三家出版社均於第二學習階段開始編輯教材讓兒童學習。

貳　劇本樣式

以康軒四上第十一課〈兔子先生等等我〉示例：

兔子先生等等我　改寫自路易斯・卡洛爾愛麗絲夢遊仙境

> **故事便利貼**
>
> 　　愛麗絲夢遊仙境由英國作家路易斯・卡洛爾所著。故事主角愛麗絲在掉進兔子洞後，展開了一場冒險的旅程。

地　　點：兔子洞

人　　物：愛麗絲、兔子先生、三腳桌、小門

旁　　白：為了追一隻身穿鵝黃色背心，手裡還拿著懷錶的兔子，愛麗絲掉進了深不見底的兔子洞。

愛麗絲：（四處張望）這是哪裡？怎麼都是門？我來開開看，說不定能找到兔子先生。

小　　門：痛……痛……，我的鼻子，你別再轉了，這裡的門都是上鎖的。

愛麗絲：（東張西望）是誰在說話？

小　　門：我是小門，看到我了嗎？

愛麗絲：太神奇了！門居然會說話。

三腳桌：還有我，如果你想打開門，就得使用我頭上的這把金鑰匙。

小　　門：三腳桌，快收起鑰匙啊！萬一被主人發現，這小女孩可就危險了！

愛　麗　絲：（快速拿鑰匙開門）太棒了！真的打開了。但
　　　　　是，門實在太小了，就算我的頭進得去，我的身
　　　　　體也進不去呀！

三　腳　桌：孩子，桌上的果汁或許可以解決你的問題。

愛　麗　絲：（半信半疑）真的嗎？我看看！沒有毒物標示，
　　　　　或許可以喝掉它。

小　　　門：你居然敢一口喝下果汁，我得快鎖門，不可以讓
　　　　　你出去呀！

旁　　　白：變成二十五公分高的愛麗絲迫不及待的想跨出
　　　　　門，想不到門已經鎖上，而那把鑰匙居然沒放在
　　　　　她身邊。

愛　麗　絲：（摸摸口袋）啊！鑰匙在桌上。三腳桌，我變小
　　　　　了，抓不到桌上的鑰匙，你可以幫我嗎？

三　腳　桌：孩子，這得靠你自己拿，我幫不上你的忙。

旁　　　白：難過的愛麗絲不由自主的哭了起來。只見小門得
　　　　　意的守著入口，而三腳桌在旁邊靜靜的陪著她。

愛　麗　絲：（看著桌下的小盒子）裡面有塊蛋糕，還有一張
　　　　　寫著「吃我」的字條。

三　腳　桌：等等，你想過吃了它的後果嗎？

愛　麗　絲：吃了它，如果我變大，就可以拿到鑰匙；如果我
　　　　　變小，就從門縫鑽過去。

小　　　門：（看著吃完蛋糕的愛麗絲，驚訝萬分）你……你
　　　　　長高了！你……有兩百七十幾公分吧？

愛　麗　絲：我不想再長高了，快停下來呀！

三　腳　桌：停不了，停不了，怎麼辦？

愛麗絲：（看著腳邊突然出現的兔子先生）兔子先生！拿著扇子的兔子先生，等一下……。

兔子先生：（急忙走著）遲到了！遲到了！我得走快點，以免夫人等太久。

愛麗絲：（大喊）兔子先生！

兔子先生：（嚇了一跳）來不及了！來不及了！可別找我！

愛麗絲：（拾起兔子先生掉落的扇子，搖了幾下，驚呼）我變小了！我變小了！我可以去找兔子先生了！

旁　白：變回原形的愛麗絲，又踏上了她的奇幻之旅。

教法篇

第 10 章 | 國語科教學法

　　現行國小國語科課堂採用兩種教學法：一是國語直接教學法，用以教導國小一年級學生「口語表達」（說話）及「注音符號」；二是混合教學法，自一上第十一週開始，用以教導學生國語課文，教學項目先以「閱讀」課文為核心，再延伸混合「聆聽」、「口語表達」、「識字與寫字」、「寫作」等項目，以培養學生聽、說、讀、寫（字）、作（文）等能力。兩種教學法教學流程分述如下：

壹　國語直接教學法

　　國小一年級前十週，學習注音符號，使用的課本稱為國語首冊。主要指導學生認念、拼讀、習寫37個注音符號及調號，以利學童能學說國音、幫助識字、輔助閱讀及提早寫作，達成注音符號的學習目的（陳弘昌，1991）。國語文課綱在標音符號揭示的學習重點如下：

羊與貓的旅行　看見國語課堂教學的新風景

📌 標音符號學習表現

第一學習階段	第二學習階段
3-I-1 正確認念、拼讀及書寫注音符號。 3-I-2 運用注音符號輔助識字，也能利用國字鞏固注音符號的學習。 3-I-3 運用注音符號表達想法，記錄訊息。 3-I-4 利用注音讀物，學習閱讀，享受閱讀樂趣。	3-II-1 運用注音符號，理解生字新詞，提升閱讀效能。 3-II-2 運用注音符號，檢索資訊，吸收新知。

📌 文字篇章（1.標音符號）學習內容

Aa-I-1 聲符、韻符、介符的正確發音和寫法。 Aa-I-2 聲調及其正確的標注方式。 Aa-I-3 二拼音和三拼音的拼讀和書寫。 Aa-I-4 結合韻的拼讀和書寫。 Aa-I-5 標注注音符號的各類文本。	Aa-II-1 標注注音符號的各類文本。

　　十二年國教國語文課綱以「標音符號」取代九貫課程「注音符號」的名稱。事實上，國語文的標音符號依然使用注音符號教學。雖然，注音符號教學週次在歷次課程改革中始終維持十週不變，但國語文課綱第一學習階段的教學節次僅6節（教育部，2018a），高於九年一貫課程的5節（教育部，2001），卻比82年《國民小學國語課程標準》（教育部，1993）的10

節，少掉4節，總節次約減少40節，對許多未接觸過注音符號的學生，僅靠60節課，就要掌握37個注音符號的拼、讀、寫，著實產生學習的壓力，需要教師給予更多的協助。

注音符號的教學方式有三，分別是分析法、綜合法及折衷法（陳弘昌，1991）：一、分析法：教導學童先認念、熟記注音符號表的37個符號，再教學拼音、調號。二、綜合法：先教導課文「語句」，接著依序從語句中分析出「詞語」，從詞語中分析出「單字」，從單字中分析出「符號」，最後才教拼音，將分開的符號綜合起來，亦即先綜合，再分析，最後又綜合的教學方式。三、折衷法：結合分析法與綜合法兩種方式教導「字音」，兩個符號者直接「綜合」一個單位拼讀，如「ㄒㄧ」、「ㄧㄤ」，三個符號者「分析」成前一後二形式拼讀，如ㄒㄧㄤ，由「ㄒ」和「ㄧㄤ」拼讀而成。

現行國小注音符號教學採行「綜合教學法」教學，在教導注音符號之前，同時聯絡「口語表達」教學，以「直接法」（使用國語教國語），教導學生口語表達，上述兩種方法合稱「國語直接教學法」。其教學流程如下（教育部，1992）：

第一課課文→口語表達教學（看插圖，練習語句表達）→注音符號教學（揭示課文語句→認識語句→分析詞語→分析單字→分析符號、習寫符號→練習拼音→綜合活動一（複習）→綜合活動二（練習教材）→形成性評量甲卷

→（1未精熟者）→校正活動→形成性評量乙卷→第二課課文

→（2精熟者）→充實活動（加深加廣學習）→第二課課文（流程同上）

各項目詳細教學活動如下表所列：

一、口語表達教學	運用課文插圖引導學生觀察圖片，說出圖片內容之語句，作為進入課文教學的前導活動。
二、注音符號教學	
（一） 認讀語句	1. 複習口語表達（說話）教材。 2. 揭示語句（示意），念語句、問答、練習。 3. 範讀→領讀→試讀（全體、個別）。 4. 閃示語句（辨識）→認念（全體、個別）。 5. 讀課文（先照本調念，後照口語念）。
（二） 分析詞語	1. 揭示語句（複習語句），揭示詞語（對出詞語）。 2. 領念詞語（示意）→試讀→辨識→認念（近對、遠對）。 3. 個別對出詞語→個別念（向全體揭示）→全體念。 4. 閃示詞語→兒童認念（全體、個別）。
（三） 分析單字	1. 揭示詞語（複習詞語），揭示單字（對出單字）。 2. 領念單字→試讀→辨識→認念（近對、遠對）。 3. 個別對字→個別念（向全體揭示）→全體念。 4. 閃示單字→兒童認念（全體、個別）。
（四） 分析符號	1. 複習單字→對出符號→分析聲符／韻符（聲符先發音值，再發合音，最後念音名）。 2. 範念符號→領念→試念→認念（近對、遠對）。 3. 閃示（辨認）→練習發音。 4. 習寫符號（範寫）→書空→自行練習。 5. 辨識聲調（不同聲調韻符，採用比對方法，並練習發音）。
（五） 練習拼音	1. 複習符號（聲符、韻符牌用不同顏色書寫，分開複習）。 2. 拼音：揭示韻符→發音→揭示不同聲符直接拼讀（換聲符法）（先「領拼」，再「讓學生拼」／先「慢拼」，再「閃示拼」）。 3. 練習：分別運用正拼法、反拼法練習，並相繼提示生活相關詞彙，以矯正發音。

	附註：
	直接拼音法又稱「直拼法」、「暗拼法」、「換聲頭法」、「不拼音的拼音法」，培養兒童「一看見符號，就能拼讀出字音」的能力，從閱讀中學習生字，從朗讀中學說標準國語，達成注音符號幫助口語表達（說話）和識字的教學目標。直接拼音法的練習步驟：
	1. 正拼練習
	⑴ 換聲符法：先複習符號ㄆ、ㄌ、ㄏ、ㄠ，接著揭示ㄠ，將ㄆ放在ㄠ上領拼出ㄆㄠ。換ㄌ，領拼出ㄌㄠ……。領拼後，讓同學試拼，並矯正發音。最後快速換聲符，作「閃示拼」。
	⑵ 換韻符法：先複習符號ㄌ、ㄠ、ㄚ、ㄨ，接著揭示聲符ㄌ，韻符ㄠ，領拼ㄌㄠ。換ㄚ，領拼ㄌㄚ……。領拼後，讓同學試拼、閃示拼。
（五） 練習拼音	2. 反拼練習
	⑴ 口頭反拼：教師揭示或念出「ㄅㄚˋ」，學生口說「ㄅ」「ㄚˋ」符號音名。
	⑵ 牌子反拼：教師揭示或念出「ㄆㄚ」，學生找出「ㄆ」「ㄚ」的符號牌。
	⑶ 筆頭反拼：學生聽寫「ㄇㄚ」音，寫出「ㄇㄚ」字。
	3. 比對練習
	⑴ 介音比對：有無介音比對，如「ㄅㄢ」、「ㄅㄧㄢ」。不同介音比對，如「ㄐㄧㄢ」、「ㄐㄩㄢ」。聲介合符和三拼比對，如「ㄐㄧ」、「ㄐㄧㄚ」。
	⑵ 聲符比對：先比較聲符發音，如「ㄔ」、「ㄘ」，接著比對結合韻符之發音，如「ㄔㄚ」、「ㄘㄚ」。
	⑶ 韻符比對：先比較韻符發音，如「ㄢ」、「ㄤ」，接著比對結合聲符之發音，如「ㄅㄢ」、「ㄅㄤ」。

(五) 練習拼音	⑷ 聲調比對：先比較同一韻符不同聲調發音，再作換聲符練習或換不同韻符練習。可作兩個、三個、四個不同聲調比對，也可以按照順序或不按照順序比對練習。如「ㄠˊ」、「ㄠˇ」／「ㄉㄠˊ」、「ㄉㄠˇ」。
(六) 綜合整理	1. 複習本單元符號、拼音、字音、詞語、語句。 2. 複習已習符號。 3. 比對易錯聲符、韻符、聲調及拼音。 4. 讀課文。 5. 指導「習作」。 6. 聽寫練習及評量本單元符號及拼音。 附註： 1. 辨音和正音練習過程：範讀→聽音→辨音→領讀→試讀（錯誤：分析→引導→矯正）→練習（詞語、最小對比詞）。 2. 聽寫方式先練習寫單個符號，其次練習寫「音節」，再練習寫詞、句子。每次聽寫以不超過10分鐘，約30到50字為原則。聽寫完立即核對答案。

資料整理自胡建雄（1992）、柯添遜（1992）。

　　教學者可以到教育部「CIRN-國民中小學課程與教育資源整合平臺」觀看國編館教材教學影片。影片課文如下：

	ㄙㄢ	ㄞˋ	ㄗㄨㄛˋ	ㄕㄣˇ ‧ㄇㄜ
ㄍㄜ	‧ㄍㄜ	ㄞˋ	ㄑㄧˊ	ㄔㄜ
ㄉㄧˋ	‧ㄉㄧ	ㄞˋ	ㄔㄤˋ	ㄍㄜ
ㄐㄧㄝˇ	‧ㄐㄧㄝ	ㄞˋ	ㄎㄢˋ	ㄕㄨ
ㄇㄟˋ	‧ㄇㄟ	ㄞˋ	ㄊㄧㄠˋ	ㄨˇ

影片連結上集，請掃描

影片連結下集，請掃描

貳 混合教學法

　　國小國語科在民國五十年代推動「王明德教學法」，六十年代推動「戴硯弢教學法」，此教學法爲國語推行委員會委員張廣權先生所創，取諧音「待研討」，並於國小、國中試行（陳弘昌，1991）。直到67學年度採行「混合教學法」教學，延續至今。該教學法於64年公告的《國民小學課程標準》（教育部，1975）提出，在教材編選和組織方面揭示：國語課本單元教材設計，必須以讀書教材爲核心，顧及說話、作文、寫字等項教材取得聯絡，以符合國語科混合教學之需要。在教學指引編輯方面，每個單元應正確的指出單元的教學目標，然後分析教材，訂定讀、說、作、寫四項的教學範圍及其重點；尤其此四項聯絡混成的教學要點，應先行確定，然後設計教學活動。在教學方法方面，國語科宜採混合教學法，以讀書爲核心，說、作、寫各項作業活動取得密切聯絡。之後82年公告的《國民小學國語課程標準》（教育部，1993）、《國民中

羊與貓的旅行　看見國語課堂教學的新風景

小學九年一貫課程綱要語文學習領域（國語文）——暫行綱要》（教育部，2001）、《國民中小學九年一貫課程綱要語文學習領域（國語文）》（教育部，2003、2008、2011），迄今《十二年國民基本教育課程綱要國民中小學暨普通型高級中等學校語文領域——國語文》（教育部，2018a）在教材編選仍作此主張：第一至第三學習階段的教材編選應強調語文能力的統整性，以閱讀為軸心，結合聆聽、口語表達、識字、寫字，以及寫作的教學，全面強化學生語文能力的發展。

陳弘昌（1991）指出年級不同，混合教學法過程也略有差異，分別列出低年級及中、高年級之教學過程。低年級教學過程：概覽課文、講述大意、認識新詞生字、朗讀課文、深究課文（提示問題、分段大意、課文綱要、指導文體、層次布局）、聽寫練習、字詞句練習、說話練習、看圖敘述內容、寫作指導。中、高年級教學過程：概覽課文、講述大意、研討新詞生字、朗讀課文、課文內容深究、課文形式深究（文體特色、分段、段意、大綱（結構圖）、開頭與結尾層次）、課文特色欣賞及應用（佳句欣賞及應用、句型介紹、詞類（詞性）介紹、字音字形辨別、標點符號應用）、說話指導、作文指導、寫字指導。

一課課文要落實完整的混合教學，須配置9節課的教學時間，其中5節教課文閱讀，1節教說話（口語表達、聆聽）、2節教寫作、1節教寫字（毛筆）。惟自九年一貫課程實施後，國語課被刪減4節課，十二年國教新課綱第一學習階段增加1節，來到6節課，中、高年級仍維持5節課。茲結合三大教學活動，納入中、高年級混合教學項目與節次，概述各項目教學重點如表所列：

教學活動	教學項目（九節）	教學重點	節次
壹、準備活動	一、教師部分 （一）分析教材內容、形式與語言特色 （二）蒐集相關教學資源 （三）編製學習單 （四）布置教學情境 二、學生部分 （一）預習課文 （二）完成預習單	一、教師依據授課教材作文本分析，設計教學活動、搭配適切教學策略、布置評量方式，完成教學前之準備。 二、學生依據教師指派之任務，填寫學習單或觀看課前影片，完成自學任務。	課前
貳、發展活動	一、引起動機 二、概覽課文、試說大意 （一）概覽課文 （二）試說大意 三、認識新詞生字 （一）新詞教學 （二）生字教學	一、引起動機：引發學生學習興趣或連結，教師可複習舊經驗、說故事、看影片、表演……，引起學生學習動機。 二、概覽課文、試說大意 （一）低年級：以朗讀方式概覽課文，訓練語音、語調、語速。中、高年級漸次移轉為默讀，培養學生自己掌握閱讀速度及運用回視策略閱讀。 （二）教師運用提問法，引導學生回答問題，將答案組成課文大意。 三、認識新詞生字 （一）先教新詞。可採用口頭說明，或其他示意＋口頭說明法增進理解效能。 （二）再教詞內生字。生字教學時，先正音、後釋義、再辨形。	第一節

教學活動	教學項目（九節）	教學重點	節次
貳、發展活動	（三）寫習作「新詞生字」	（三）指導習作第一大題。觀察學生筆順、筆形、結構，並立即提醒修正，以利回家詞語、生字功課能習寫正確。	第一節
	四、朗讀課文 （一）試讀 （二）範讀、指導 （三）分組及個別讀 五、內容深究 （一）揭示問題 （二）討論問題 （三）指導習作	四、朗讀課文 （一）先讓學生試讀。 （二）教師範讀指導。 （三）學生分組或個別練習。 五、內容深究 （一）教師參考、修正教師手冊四層次問題，依文本順序提問。 （二）引導學生回答或分組討論與發表。 （三）指導習作。	第二節
	六、形式深究 （一）文體教學 （二）分段教學 （三）分段大意教學 （四）大綱（結構圖）教學 （五）層次教學 （六）習作	六、形式深究 （一）教導文體特徵，判定文體的策略。 （二）教導分段策略。 （三）指導摘錄意義段大意策略。 （四）指導意義段命名策略，講解文體及文章結構，並將命名之綱要繪製結構圖。 （五）指導學生認識文章開頭、結尾法與段落的層次。 （六）指導習作。	第三節

教法篇

教學活動	教學項目（九節）	教學重點	節次
貳、發展活動	七、課文特色欣賞及應用 （一）佳句欣賞及應用（修辭） （二）句型介紹（語法） （三）詞類介紹（語法） （四）標點符號運用（語法） （五）字音、字形辨別 （六）習作	七、課文特色欣賞及應用 （一）教導修辭知識與練習。 （二）講解句型知識與練習。 （三）講解詞類知識與練習。 （四）認識與應用標點符號。 （五）辨別字音、字形。 （六）指導習作。	第四節
	八、聆聽、口語表達指導	八、聆聽、口語表達指導 指導聆聽策略，並依據課文內容設計口語表達教學活動，指導學生練習討論、報告、訪問與發表。	第五節
	九、寫作指導	九、寫作指導 配合教學單元或自編單元，指導學生審題、立意、選材、組織、書寫、修改策略，完成文章寫作。	第六、七節
	十、寫字指導（毛筆字）	十、寫字指導 分析楷書字體結構、指導部件、筆畫特徵，運筆示範、引導學生書寫作品。	第八節
參、綜合活動	一、整理歸納 二、綜合練習 三、習作整理 四、效果評量	一、整理歸納文本重點。 二、綜合練習語文技能。 三、習作整理與訂正修改。 四、效果評量與檢討訂正。	第九節

整理、修改自陳弘昌（1991）、楊裕貿（2022）。

第11章 全課大意教學

國語文課綱自第一學習階段開始，即要學習篇章的大意。

壹 課綱學習重點

各階段大意教學之學習重點指標如下表所列：

★ 學習表現

第一學習階段	第二學習階段	第三學習階段
		5-III-6 熟習適合學習階段的摘要策略，擷取大意。

★ 學習內容

第一學習階段	第二學習階段	第三學習階段
Ad-I-2 篇章的大意。	Ad-II-2 篇章的大意、主旨與簡單結構。	Ad-III-2 篇章的大意、主旨、結構與寓意。

課文大意就是文本大概的意思。國語文課堂慣稱「大意」，閱讀理解教學稱作「摘要」，寫作教學則稱為「縮寫」技巧。名稱雖然不同，無非就是以精簡的短文內容，呈現篇章或段落原文的重點。

許多教學者無法辨別主題、主旨、大意、綱要、概略、摘要、中心思想、訊息等詞語的差異。歸類說明如下：

常見用法	相關詞語	呈現方式
大意＝摘要＝	概略＝大概（＝縮寫）	以精簡短文採第三人稱呈現原文的內容。
主旨＝	中心思想＝主題	以短語或句子呈現原文的核心重點。
訊息＝	細節＝細目	以短語或句子呈現段落中各層次的內容。
綱要＝	大綱＝提綱＝提要＝綱目＝綱領	以短語「彙整」出段落中的訊息內容。

舉例說明如下：

> 馬偕的善行很快傳回故鄉，熱心的地方人士不但認同馬偕的付出，還捐錢讓他作更多的善事。馬偕在淡水興建北臺灣第一間西式醫院，讓病人得到更好的治療和照顧。為了孩子有讀書的機會，他在當地創辦第一所新式學校，除了不收學費，還有免費食宿，讓學生可以專心學習。後來，他又成立了女學堂，讓女子也有就學的機會，臺灣的第一個女醫師——蔡阿信，便是這所女學堂的學生。

上述段落內容之大意、主旨、訊息、綱要之答案如下所示：

大意	主旨	訊息	綱要
地方人士捐錢讓馬偕作善事。他在淡水興建西式醫院，創辦新式學校及女學堂，臺灣第一個女醫生蔡阿信便是女學堂的學生。	馬偕的善行受到地方人士認同，支持他作更多的善事。	1. 地方人士捐錢給馬偕 2. 馬偕蓋醫院 3. 馬偕蓋新式學校 4. 馬偕成立女學堂	馬偕在臺灣作善事

陳弘昌（1991）認為閱讀文章能摘取大意，就會記住許多有用的內容，能把握大意，就能把握重心去探究內容。吳敏而（1994）更指出學生若具備摘取大意的能力，便能充分運用文章提供的訊息，推論出更多文章以外的理念。

國語「混合教學」以閱讀為核心，在概覽課文後，即進入「試說大意」教學，雖為「試說」，但教學時間有限，往往無法再做第二次的教學。惟學生才剛概覽過一遍課文，對於文中的詞彙、文意未必能充分掌握，就要說出篇章大意，這樣的流程設定是否適切，值得細想。如果推給「試說」，不必斤斤計較，或可解套，但如前述，一經教完此活動，因時間因素，往往不會再回頭教學，所以也可以考慮移至「文章結構」後教學，改採組織綱要結構方式歸納全課大意，或許不失為好的作法。

貳　教學策略

本章以記敘文、說明文、議論文、故事等四個體裁的文章為例，運用提問及組織綱要結構兩種教學策略，摘取全課大意。

一　提問策略

國小全課大意教學，被安排在第一節課第一個教學活動——「概覽課文、試說大意」，可運用時間約二十分鐘。低年級以朗讀方式概覽課文，中、高年級則轉以默讀方式概覽課文。之後，教師以提問方式，引導學生試說課文大意。一般作法，均是參考教師手冊所列之問題，來引導學生回答課文重點，進而歸納出課文大意。

大意是原文的重點濃縮，因此，可以按照開頭、主體、結尾段等三個區塊摘錄重點內容，也可以按照意義段摘取重點內容。教學者在教學準備時，宜針對文體特性，並搭配文章段落提出三到五個問題，通常第一題問開頭段，第二題問主體段（中間段），最後一題問結尾段，若主體段的內容有所轉折或闡述不同事件，可以追問一到二個問題。接著，引導學生依序回答出問題答案。最後，彙整各題答案，並改以第三稱（作者或主角）表述，即可摘錄出課文大意。依四類文體說明如下：

（一）記敘文

記敘文是敘寫作者經歷的真實事件，並在事件後表達思想感情。因此，文章開頭段通常是事件的開始或起因，主體段為經過歷程，結尾段為結果及感受。可以針對文章的三大部分提問。以康軒二上〈新學年新希望〉示例如下：

項目	課文	問題	答案	串聯答案
開頭	開學這一天，我看到同學，心裡好歡喜。坐在新位子，拿起新課本，聞著淡淡的書香，我真想快點上課！	1. 開學這一天，主角有什麼想法？	開學這一天，主角真想快點上課！	開學這一天，主角真想快點上課！上課時，子陽說出想成為說故事高手的希望。下課時，作者看到樂樂靜靜的看書，小
主體一	上課時，老師問：「新的學年，有什麼新希望？」以前不太喜歡說話的子陽，馬上大聲說：「我要成為說故事高手！」同學聽了，都用力的為他拍手。	2. 上課時，子陽說出什麼希望？	上課時，子陽說出想成為說故事高手的希望。	

項目	課文	問題	答案	串聯答案
主體二	下課後，我看到以前只喜歡跑跑跳跳的樂樂，怎麼坐在位子上靜靜的看書呢？本來比我矮的小真，現在好像比我還高了。	3. 下課時，作者看到什麼？	下課時，作者看到樂樂靜靜的看書，小真好像長高了。	真好像長高了。最後，作者希望自己看更多好書，還要快快長高。
結尾	新的學年是新的開始，我也有新的希望：我要看更多的好書，還要快快長高。	4. 最後，作者希望自己怎麼樣？	最後，作者希望自己看更多好書，還要快快長高。	

（二）故事

　　故事是某人、某物發生事件的陳述。開頭段通常是故事背景與起因，主體段是事件經過，結尾段是事件結果與回響。因此，可以針對起因、經過、結果三個部分提問，或是引導學生運用「因為……」、「所以……」、「最後……」的方式組織文章的重點內容。以康軒二上〈大象有多重？〉示例如下：

項目	課文	問題	答案	串聯答案
開頭	從前，有人送曹操一頭大象，兒子和親朋好友陪他去看大象。大象高大的身子像小山，粗大的腿像柱子。大家都想知道這頭大象有多重？	曹操收到一頭大象，大家都想知道什麼？	曹操收到一頭大象，大家都想知道牠有多重。	曹操收到一頭大象，大家都想知道牠有多重。他收到砍樹做大秤、將大象分成幾部分來秤都不可行。曹沖提出以船秤大象的方法。最後，曹操

項目	課文	問題	答案	串聯答案
主體	曹操高聲的問：「誰可以秤出大象有多重呢？」有人說：「可以砍下大樹做成大秤。」有人說：「把大象分成好幾部分再來秤。」曹操聽了氣得直搖頭。 　　這時，曹沖走過來說：「我有一個好方法。首先，把大象牽到大船上，看船身下沉多少。接著，沿著水面，在船身上畫線。然後，把大象牽走，再把石頭放到船上，直到大船下沉到畫線的地方。最後，秤一秤船上的石頭，石頭有多重，大象就有多重啊！」	他收到哪些秤象方法？	他收到砍樹做大秤、將大象分成幾部分來秤都不可行。曹沖提出以船秤大象的方法。	用了曹沖的方法秤出了大象的重量。
結尾	曹操用這個方法，很快就知道大象有多重。沒想到小小年紀的曹沖，竟然可以想出秤大象的方法呢！	最後，曹操秤出大象重量了嗎？	最後，曹操用了曹沖的方法秤出了大象的重量。	

（三）說明文

　　說明文以介紹事物或事理的特徵、屬性、起因、過程、功用之內容，傳遞知識給讀者為目的。教學時，可以依開頭、主體、結尾段的主題重點提問，並歸納知識內容成大意。以康軒三上〈馬太鞍的巴拉告〉示例如下：

項目	課文	問題	答案	串聯答案
開頭	居住在花蓮馬太鞍溼地的阿美族人，有一種特別的捕魚方式。他們不是辛苦的去找魚，而是打造一個讓魚可以安心生長的魚屋，讓魚自己住進來。這就是「巴拉告」──阿美族語所指的魚屋。	花蓮馬太鞍溼地的阿美族人打造什麼來捕魚？	花蓮馬太鞍溼地的阿美族人打造巴拉告來捕魚。	花蓮馬太鞍溼地的阿美族人打造巴拉告來捕魚。他們利用地形建造三層的魚屋，魚屋上層有水生植物讓大魚不會被水鳥發現，大魚吃剩的食物會往中、下層掉，成為小魚、小蝦的食物。魚屋的魚越聚越多，阿美族人拿魚網來就可抓到魚。巴拉告讓大家看到阿美族人的智慧，也讓
主體	阿美族人運用溼地地形為魚蓋魚屋。這個特別的魚屋有三層：底層是中空的大竹子，住在這裡的魚喜歡晚上出來活動；中層有許多細樹枝，因為這裡大魚進不去，所以是小魚最安全的生活空間；在最上層，放著許多水生植物或大片的葉子。 　　魚屋蓋好以後，大魚就會到這裡來找食物，上層的水生植物，讓牠們不被水鳥發現。	他們怎樣建造魚屋，構造為何？ 魚屋為什麼可以捕到魚？	他們利用地形建造三層的魚屋，魚屋上層有水生植物讓大魚不會被水鳥發現，大魚吃剩的食物會往中、下層掉，成為小魚、蝦的食物。 魚屋的魚越聚越多，阿美族人拿魚網來就可抓到魚。	

項目	課文	問題	答案	串聯答案
主體	大魚沒吃完的食物會慢慢落下，有的卡在中間的細樹枝上，成為小魚、小蝦的點心。有的留在最底層，讓躲在大竹子中的魚享用。 　　再過不久，魚屋裡的魚越來越多，阿美族人想要吃魚的時候，不用出海，也不用辛苦的釣魚，只要拿著魚網到這裡抓魚，就可以好好享用了。			大自然生態生生不息。
結尾	馬太鞍的「巴拉告」，讓我們看到阿美族先人的智慧。阿美族人用這種聰明的方法捕魚，也讓大自然的生態生生不息。	巴拉告讓大家看到什麼？	巴拉告讓大家看到阿美族人的智慧，也讓大自然生態生生不息。	

（四）議論文

　　議論文是作者針對命題提出論點，舉例論證論點，繼而重申論點的文章。有時會在倒數第二段提出解決方案。因此，可以依據論點、論據、方法、重申論點等段落提問。以康軒五上〈在挫折中成長〉示例如下：

項目	課文	問題	答案	串聯答案
開頭	遇上困難，你會勇敢面對，還是選擇逃避？身處逆境，你會尋求突破，還是維持現狀？遇到失敗，你會奮戰再起，還是宣告放棄？人生的道路上，往往崎嶇不平，甚至困境重重，只有在每一次的挫折中，接受困境的磨練，以挫折考驗自己，進而磨練出堅強的意志，才能勇往直前。	作者認為遇上挫折要怎麼面對？	作者認為遇上挫折要接受困境的磨練，以挫折考驗自己。	作者認為遇上挫折要接受困境的磨練，以挫折考驗自己。接著，以J.K.羅琳在挫折中仍努力創作，進而成功為例，也舉了三種植物在環境的考驗下成長為例。最後，作者再重申當挫折來臨時，可以接受挫折的敲擊鍛鍊，以正向的心態面對逆境，從中發現自己的不足，並尋求解決問題的方法。
主體	名聞全球的奇幻小說女王J.K.羅琳，年輕時，窩居在英國愛丁堡沒有暖氣的住所裡，不僅沒有工作，還要面對壓力引發的心理疾病，處境艱辛。西元一九九五年，她用一臺老舊的打字機，完成《哈利波特——神祕的魔法石》初稿，卻接連被四家出版社退稿。羅琳告訴自己：「不要害怕請求對方『再給我一次機會』，只要願意堅持，機會就會降臨。」正因為堅持不放棄，她的書終於得到出版社的認同，出版後也得到各	接著，以何人、何物在挫折中成長為例？	接著，以J.K.羅琳在挫折中仍努力創作，進而成功為例，也舉了三種植物在環境的考驗下成長為例。	

項目	課文	問題	答案	串聯答案
主體	地童書大獎。哈利波特系列作品甚至被翻譯成八十多種語言，成為全球暢銷書，陪伴無數青少年成長。羅琳曾經一無所有，但她面對人生的困境，將挫折化為前進的動力，不斷的嘗試，才能在困境中開創新局，進而改變自己的人生。 　　沙漠中的仙人掌，為了對抗高溫又缺水的環境，發展出肥厚的莖存放水分，葉片也演化為針刺狀來降低水分蒸發。有些落葉樹種為適應低溫，往往會在秋冬時節落葉，減少樹葉消耗養分，將能量存起來，以待開春時節給予幼芽養分。沙灘上椰子樹掉落的椰子，常被潮水帶進海裡，漂流的過程可能長達數月，還好靠著厚厚的外皮保護，種子即使泡在海水也不會腐爛。只要被海浪沖上了沙灘，就可以生根發芽。自然界中的植物無法像動物一樣自由移動，如果遇到環境或氣			

羊與貓的旅行　看見國語課堂教學的新風景

項目	課文	問題	答案	串聯答案
主體	候的改變，生存的衝擊就隨之而來。面對這些困境，植物卻能在地球存活超過三十億年，靠的就是接受環境給予的挫折，進而調適改變自己，讓自身能在酷熱、嚴寒和缺水的逆境中生存下來。			
結尾	義大利科學家伽利略說：「生命如鍛造的鐵塊，愈被敲打，愈能發出火花。」既然人生充滿考驗，當挫折來臨時，可以接受挫折的敲擊鍛鍊，以正向的心態面對逆境，從中發現自己的不足，並尋求解決問題的方法。如此，才能化危機為轉機並調整自己，進而成長壯大，綻放生命的光彩。	最後，作者再重申什麼觀點？	最後，作者再重申當挫折來臨時，可以接受挫折的敲擊鍛鍊，以正向的心態面對逆境，從中發現自己的不足，並尋求解決問題的方法。	

教法篇

　　設計好問題後，可以運用PPT動畫方式，一題問題、一題答案，逐一展示，最後將問題移除，留下答案，組成小短文。

　　教學時，引導學生第一題的答案在第一段，第二題答案在主體段（中間段），最後一題答案在結尾段。答題時，先說出每道問題的前半內容，再接上找到的答案作答。如：「花蓮馬太鞍溼地的阿美族人打造什麼來捕魚？」學生回答：「花蓮馬

太鞍溼地的阿美族人打造」+「巴拉告來捕魚」。如此，可以有效的作答並組成通順的大意內容。

第一、第二學習階段，培養學生看問題找答案、組織答案內容的能力。到了第三學習階段，可以分組讓學生模仿老師的命題形式練習出題，教師再隨機抽取某一組別的問題讓其他組學生作答，由於各組在命題時，也會設想答案內容，所以，當問題揭示出來時，各組學生一邊作答，也會檢視該題目是否適切，並比對與自己小組命題的差別，藉此可以促進學生更多的思考與討論，鞏固學習成效。

組織綱要結構策略

組織綱要結構策略，即是運用出版社提供的結構圖綱要為主幹，從課文提取相關素材，加入適切的詞語，以第三人稱組成通順的小短文。若無結構圖可用，則需先指導學生分出文章的意義段，並將各段命名成綱要，再組織綱要為短文。

分別以上述篇章的綱要，示例如下：

（一）記敘文

綱要結構	篇章大意
新學年新希望 { 一、主角開學反應 二、同學提出新希望 三、看到同學的轉變 四、作者提出新希望	主角開學時，希望快點上課。上課時，同學提出成為說故事高手的希望。作者也看到其他同學的轉變。最後作者希望自己要看更多好書和快快長高。

（二）故事

綱要結構	篇章大意
大象有多重？ 一、曹操的大象有多重 二、大家提出方法 三、曹沖提出以船秤象 四、曹操秤出大象重量	大家想知道曹操的大象有多重。提出幾個方法都不可行。曹沖提出以船秤象的方法。最後，曹操順利秤出大象的重量。

（三）說明文

綱要結構	篇章大意
馬太鞍的 巴拉告 一、馬太鞍阿美族人以魚屋捕魚 二、魚屋的構造 三、魚屋的生態網 四、阿美族人到魚屋捕魚 五、魚屋讓生態生生不息	馬太鞍阿美族人以魚屋捕魚。魚屋有三層。大魚在上層活動，吃剩的食物成為中、下層小魚、小蝦的食物。阿美族人想吃魚時，就到魚屋捕魚。魚屋的設計讓生態生生不息。

（四）議論文

綱要結構	篇章大意
在挫折 中成長 一、在挫折中可以讓自己成長 二、以J.K.羅琳在挫折中成長為例 三、以植物在挫折中成長為例 四、接受挫折磨練讓自己成長	作者提出在挫折中可以讓自己成長。並以J.K.羅琳及植物在挫折中成長為例。最後重申接受挫折磨練可以讓自己成長。

當然，教師在每一課開始，也可以先用提問法，讓學生試說大意，等到結構圖教畢後，再讓學生以結構圖綱要組成全課大意，鞏固學習，也是可行的方式。

　　教育部因材網平臺「國語文」建置各文體全課大意之教學影片及練習題，教師也可以指導學生運用影片與題目自學或課後練習，來提升學習成效。

　　閱讀教學可以分由下而上、由上而下、交互作用等三種模式。由下而上模式是由字→詞→句→意義的歷程，曾世杰（2004）指出我國國語課教學先把生字、生詞、部首、筆畫、注音教過，才開始朗讀課文、內容深究、形式深究等教學，也是一種「由下而上」的教學。由上而下模式是讀者藉著自身經驗，依據文本的文字材料，不斷對文本提出假設，然後在文本中尋求證據證實假設是否符合預想與期待。因而不必對每一個單詞都認真閱讀並找出語義解釋。交互模式重視由下而上對視覺刺激的知覺歷程和由上而下加上結構的認知歷程，因為此二種處理方式是同時而且交互發生的（林清山譯，1990）。讀一篇文章開頭時因對文章內容毫無頭緒，採用由下而上模式，之後熟悉，會改用由上而下模式；如果閱讀內容比較熟悉，多半採用由上而下模式，而閱讀難度較大時，較多採用由下而上模式；初學閱讀者由於閱讀經驗、語感較少，多用由下而上模式，而有一定閱讀經驗者，多半採用由上而下模式（朱作仁、祝新華，2001）。是以，在詞語、生字教學，對低、中年級學生而言，建議採由下而上模式，對高年級學生而言，則可採由上而下模式教學。

國語文課綱詞語、識字與寫字在各學習階段的學習重點，彙整如下表所列：

✦ 學習表現

第一學習階段	第二學習階段	第三學習階段
4-I-1 認識常用國字至少1,000字，使用700字。 4-I-2 利用部件、部首或簡單造字原理，輔助識字。 4-I-3 學習查字典的方法。 4-I-4 養成良好的書寫姿勢，並保持整潔的書寫習慣。 4-I-5 認識基本筆畫、筆順，掌握運筆原則，寫出正確及工整的國字。 4-I-6 能因應需求，感受寫字的溝通功能與樂趣。	4-II-1 認識常用國字至少1,800字，使用1,200字。 4-II-2 利用共同部件，擴充識字量。 4-II-3 會利用書面或數位方式查字辭典，並能利用字辭典，分辨字詞義。 4-II-4 能分辨形近、音近字詞，並正確使用。 4-II-5 利用字義推論詞義。 4-II-6 掌握偏旁變化和間架結構要領書寫正確及工整的硬筆字。 4-II-7 習寫以硬筆字為主，毛筆為輔，掌握楷書筆畫的書寫方法。 4-II-8 知道古今書法名家的故事。	4-III-1 認識常用國字至少2,700字，使用2,200字。 4-III-2 認識文字的字形結構，運用字的部件了解文字的字音與字義。 4-III-3 運用字辭典、成語辭典等，擴充詞彙，分辨詞義。 4-III-4 精熟偏旁變化和間架結構要領書寫正確及工整的硬筆字。 4-III-5 習寫以硬筆字為主，毛筆為輔，掌握楷書形體結構的書寫方法。

☀ 學習內容

第一學習階段	第二學習階段	第三學習階段
Ab-I-1 1,000個常用字的字形、字音和字義。	Ab-II-1 1,800個常用字的字形、字音和字義。	Ab-III-1 2,700個常用字的字形、字音和字義。
Ab-I-2 700個常用字的使用。	Ab-II-2 1,200個常用字的使用。	Ab-III-2 2,200個常用字的使用。
Ab-I-3 常用字筆畫及部件的空間結構。	◎Ab-II-3 常用字部首及部件的表音及表義功能。	◎Ab-III-3 常用字部首及部件的表音及表義功能。
Ab-I-4 常用字部首的表義（分類）功能。	◎Ab-II-4 多音字及多義字。	◎Ab-III-4 多音字及多義字。
Ab-I-5 1,500個常用語詞的認念。	Ab-II-5 3,000個常用語詞的認念。	Ab-III-5 4,500個常用語詞的認念。
Ab-I-6 1,000個常用語詞的使用。	Ab-II-6 2,000個常用語詞的使用。	Ab-III-6 3,700個常用語詞的使用。
	Ab-II-7 國字組成詞彙的構詞規則。	Ab-III-7 數位辭典的運用。
	Ab-II-8 詞類的分辨。	Ab-III-8 詞類的分辨。
	Ab-II-9 量詞的運用。	Ab-III-9 楷書形體結構要領。
	Ab-II-10 字辭典的運用。	
	Ab-II-11 筆墨紙硯的使用方法。	
	Ab-II-12 楷書基本筆畫運筆方法。	
	Ab-II-13 書法名家故事。	

國語文課綱在詞語、生字的學習重點，規範以下幾項內容：

一、各學習階段新詞及生字的學習數量及使用數量。

二、運用部件、部首、簡單造字原理、字形結構輔助識字，掌握字體的形音義。

三、查字典來擴充詞彙，分辨詞義（本義／衍生義）。

四、認識基本筆畫、筆順、偏旁變化和間架結構，書寫出正確及工整的硬筆字、毛筆字。

五、知道書法名家的故事。

六、養成良好的書寫姿勢，並保持整潔的書寫習慣，感受寫字的溝通功能與樂趣。

　　本章以課綱學習重點為依據，提供詞語、生字教學之知識、教學步驟與策略，及詞語生字備課資源，供教學者運用。

貳　新詞與生字教學步驟

　　關於新詞、生字的教學，羅秋昭（2003）主張由詞入手，由詞來解釋「詞義」，生字部分要先正音、後釋義，再辨形。由於許多字體有多義現象，如果可以先教詞語，再教生字，這樣字義可以順水推舟的引出，也利於理解文本內容，例如：先教「打毛衣」，告知學生是「編織毛衣」的意思，如此可自然的帶出「打」字是「編織」的意思，而不是本義「毆打、敲打」的意思。自此，就可以有效理解文本。

教學時，按新詞、生字在課文（含標題）中出現的順序，逐一教學。從語句中揭示新詞，帶念讀音，解釋詞義，時間允許可以讓學生試著造句，以掌握學生理解詞語的情形。接著，詞語若有生字，則往下指導字音、字義與字形，若無生字，則往下教下一個詞。有時，出現獨立的生字，如「蛋」，則直接教生字。以康軒二上第二課〈一起做早餐〉爲例，標示詞語、生字教學順序如下表：

課文	新詞	生字
一起做 早餐 今天我們都起得很早，全家 要一起做早餐。	1.早餐 2.全家	3.全
爸爸把 蛋 煎 成 圓 圓的「太陽」，媽媽把 番茄 切 成紅紅的「輪子」，看起來真有趣！我和弟弟是小幫手，我們先把 起司、番茄片和蛋夾在 吐司 中，做成 四四方方 的小城堡，再用 番茄醬 在吐司上 畫 出 笑臉。媽媽笑著說：「這張笑臉就像是我們開心的臉！」	7.番茄 11.輪子 13.起司 15.吐司 18.四四方方 20.城堡 23.番茄醬 25.笑臉	4.蛋 5.煎 6.圓 8.番、9.茄 10.切 12.輪 14.司 16.吐 17.中 19.方 21.城、22.堡 24.畫 26.臉
這是第一次全家一起做早餐，我們享受了動手做的快樂時光。下一次，要 做什 麼呢？	27.動手	28.動

教法篇

教導生字時，先正音，指導學生讀準字音，並帶出部首、生字筆畫數（總筆畫數及扣除部首筆畫數）；接著釋義，講解字體涵義，並指導部首的相關意思，以利未來閱讀文章，遇上新詞時，可以運用部首猜測詞義；最後辨形，指導學生觀察字體結構（獨體字看外形樣式，合體字看部件的組合關係），以利寫出結構適切的字體，之後按部件或筆畫順序講解書寫要領，並帶領學生念筆畫名稱或筆畫數書空字體，掌握字體書寫的筆順。

以「輪子」一詞示例如下：

項目	流程	範例
語句	揭示語句	媽媽把番茄切成紅紅的「輪子」。
詞語	一、揭示語詞（範念→領念） 二、釋義（示意＋解釋） 三、造句練習	一、這個句子的第二個新詞是「輪子」，跟老師念一次，「輪子」。 二、釋義 （一）示意：教師可拿出「輪子」的圖片示意。 （二）解釋：「輪子」就是車輪。 （三）我的腳踏車有一個輪子沒氣了。
生字	一、先正音（部首和筆畫數）	一、先正音（部首和筆畫數） （一）「輪」讀作ㄌㄨㄣˊ。 （二）「輪」的部首是車部。 （三）共8／15畫。
	二、後釋義 （一）示意＋解釋 （二）部首義 （三）造詞練習（詞頭或詞尾法）	二、後釋義 （一）示意：圖片示意法。解釋：器物上可供旋轉運作的圓形物體。 （二）字源：「輪」的部首是車，車部的字與車子、轉動有關。 （三）造詞：輪胎、輪軸、車輪、滾輪。

項目	流程	範例
生字	三、再辨形（由大到小）	三、再辨形（由大到小）
	（一）間架結構	（一）間架結構：「輪」是左右結構字，是左窄右寬／左長右短字。
	（二）部件	（二）左邊部件是「車」，書寫時，要比原來獨體字形窄，第六筆橫畫要斜。右邊的部件「侖」較寬與稍短，書寫時，因部件避讓緣故，所以撇筆要略短，捺筆略低於撇筆起筆，收筆可以拉長。書寫「冊」時，橫折鉤要略低，中間兩個豎畫不可過長。
	（三）筆順（書空練習）	（三）筆順（書空練習）：1橫、2豎、3橫折、4橫、5橫、6橫、7豎、8撇、9捺、10橫、11豎、12橫折鉤、13橫、14豎、15豎。
	（四）生字（語詞）習寫	（四）生字（語詞）習寫：請同學寫習作或生字簿。

參　新詞教學策略

　　新課綱規範各學習階段應認識及使用的詞語、生字的數量。由於三家出版社各冊課數從過去的十四課縮減至十二課，因此，各課的詞語、生字總數會比過去的課數來得多，在有限的教學時間內，教學者如何有效備課與教學，成了新的挑戰。

　　國小學生在詞彙習得過程中，存在抽象語詞掌握不好、意思相近詞語容易相混、以一般代個別語詞、由此及彼類推詞語、不分場合濫用詞語，及常常用錯別字等六項缺失（王玲玲，1995）。其中，以一般代個別語詞、由此及彼類推詞語、不分場合濫用詞語等三項是屬於詞彙量太少所造成的結果，而

抽象語詞掌握不好、意思相近詞語容易相混兩項則與未能掌握詞義有關，至於常常用錯別字則與識字、寫字的應用能力有關。除此，新課綱更強調學生要有理解詞語的策略。因此，教師備課時，建議從以下三個方式著手：

一、具體、常用詞彙，以口頭說明解釋方式快速帶過。

二、抽象、罕用詞彙，輔以適切的示意法，再以口頭解釋方式，鞏固學習成效。

依據林宜真（1997）的分析：中文字詞有三種心象特徵，其一以字形造象，如田、山等字，其二以字義造象，如樹、花等字。上述兩種皆屬於「高心象字」也就是認識上列字詞時，可以在心中形成圖像，有利於理解字詞的涵義。至於第三種為字形、字義皆抽象者，如法、則、新、貴等字，屬低心象字詞，不易學生獨立想像、掌握涵義。換言之，若教到「低心象」的詞語時，不能只做「口頭解釋」，否則將無益學生掌握詞語的詞義。

依據國立編譯館主編之《國語說話教學指引》（1978），共提供十四種示意方法供教師教學運用。

（一）實物示意法：如指著番茄說，這是「番茄」。

（二）圖畫（影片）示意法：如指著輪子的圖片說，這是「輪子」。

（三）模型示意法：如指著城堡模型說，這是「城堡」。

（四）動作示意法：如做出動手的動作說「動手」。

（五）情景示意法：如說明地板的上方有桌子，桌子的下面有椅子，以明白「上、下」之關係。

（六）上下文示意法：如教到「這家店是一家 黑店 ，不僅商品價錢比其他家貴了三成，品質也不好。」可以引導學生從「商品價錢過高」、「品質不好」等語句，理解「黑店」是「欺騙顧客、不正大光明經營生意的商店」。

（七）說明示意法：直接口頭解釋詞語意思。

（八）類推示意法：教到「缽」時，由「碗」來類推。

（九）翻譯示意法：將詞語翻譯成閩南語、英語、客語、原住民語或新住民語。

（十）舉例示意法：教到「友誼」時，可以舉班上某對好友為例。

（十一）對比示意法：教到「誠實」就可以說沒有「欺騙」與「說謊」。

（十二）換句話說示意法：如「她高興極了」，可以換成「她歡喜極了」。

（十三）問答示意法：如「喜歡」一詞，可以問學生「喜歡吃什麼水果？」「喜歡看什麼書？」

（十四）試驗錯誤示意法：即不斷提出不相干的詞義，以讓學生排除，最後揭示正確解答的方式。

三、指導學生理解詞語的策略。

學生在無法詢問父母師長、查閱辭典的情形下，須教導其

理解詞語的策略，以能在閱讀過程中，解決問題。以下提供兩種詞語理解的策略：

（一）字義推詞義法（詞尾法）

依據教育部課綱「4-II-5 利用字義推論詞義。」要求，教師指導學生遇到新詞時，可以先圈出詞語尾字，再造出有此尾字的詞語，繼而推出新詞的意思。如「他的父親不但沒給他隨時可以支取款項的郵局匯票，甚至連紙鈔都沒給。」根據文句中的新詞「匯票」，以尾字「票」造詞，可以帶出鈔票、電影票、統一發票、球票等詞，上述帶有「票」的詞義均為某種長條型的紙張，再結合語句其他線索，如「款項」、「紙鈔」可以推出「匯票」應該是一種可以取款的紙張單據。

（二）拆詞法

由於中文詞彙超過80%是由兩個詞素組成的合義詞（或稱合成詞），組成詞的字，往往可以從個別字的字義，擴展、連結出詞語的意義。拆詞法即是以拆字造詞、組裝詞語、回放原句理解三個步驟來理解詞義。如：剛剛錯身的那位先生看起來有點「面熟」。要教導學生理解「面熟」的意思，可以按照上述步驟解讀出詞彙的涵義。

1.拆字造詞	2.組裝詞語	3.回放原句理解
面：面子、面容、面貌、面對…… 熟：熟悉、熟透、成熟……	面子熟悉？ 面貌熟悉？ 面貌熟透？ 面貌成熟？	（○）剛剛錯身的那位先生看起來有點「面貌熟悉」。 （×）剛剛錯身的那位先生看起來有點「面貌熟透」。 （×）剛剛錯身的那位先生看起來有點「面貌成熟」。

羊與貓的旅行 看見國語課堂教學的新風景

是以，教師備課時，可以先將該課詞彙分成教師講述、教師教導理解詞語策略兩部分著手。

教師講述部分，主要是將課文的詞語區分成具體詞（含常用詞）、抽象詞（含罕用詞）兩組。教學時，具體詞以口頭講解帶過即可，抽象詞先以十三種示意法輔助理解，再以口頭解釋詞意。以康軒三下第三課〈遇見美如奶奶〉中的14個新詞示例如下：

分類	教法	示例
具體／常用詞	老師直接以口頭講述詞義	眼鏡：用玻璃片或水晶片製成，戴在眼睛前，以矯正視力或遮阻強烈光線、風沙的器具。 逛逛：隨意走動。 吵鬧：吵雜、不安靜。 麻雀：動物名，一種以穀物或昆蟲為主食的鳥類。 電腦：一種能接受資料，並按照人為指示的方法將它處理，並產出有用結果的裝置。 幫助：替人出力、出主意或給予物質上、精神上的支援。 書架：存放書籍的架子。
抽象／罕用詞	示意＋老師口頭講述詞義	魔法：影片示意法＋妖術、邪法。 暗號：舉例示意法＋祕密的口令或記號。 腦子：舉例示意法＋人的思考、記憶、邏輯運算等能力。 科展：圖片示意法＋科學展覽會。 魔術：影片示意法＋藉各種道具，以祕密且快速的手法，表演超出尋常的動作。 收拾：動作示意法＋整理、處理。

教師教導理解詞語策略部分，教師可以從每課挑1到2個詞，教導理解詞語策略。以〈遇見美如奶奶〉中的「特製」示範拆詞法策略如下：

| 教導具體或抽象詞語策略 | 拆詞法策略：
1. 拆字造詞
2. 組裝詞語
3. 回放原句理解 | 特製：美如奶奶有時會坐在一張特製的高腳椅上專心看書。
1. 拆字造詞
⑴ 特：特別、特價、特色、特技……
⑵ 製：製造、製作、印製、繪製……
2. 組裝詞語：特別製造、特別製作、特別印製、特別繪製、特價製造……、特色製造……、特技製造……。
3. 回放原句理解
⑴ 美如奶奶有時會坐在一張特別製造的高腳椅上專心看書。（正確）
⑵ 美如奶奶有時會坐在一張特別製作的高腳椅上專心看書。（正確）
⑶ 美如奶奶有時會坐在一張特別印製的高腳椅上專心看書。（錯誤）
⑷ 美如奶奶有時會坐在一張特別繪製的高腳椅上專心看書。（錯誤）
⑸ 美如奶奶有時會坐在一張特價製造的高腳椅上專心看書。（錯誤）
(6) ……。 |

肆 生字教學策略

生字涉及字體形、音、義三項。教學步驟依序為：先正音、後釋義、再辨形。分述備課重點與教學資源如下：

一 字音

字音教學以教導學童辨識、讀準字音。多音字可以教導音隨義轉策略，如「轉」字：（一）改變方向時，讀作「ㄓㄨㄢˇ」。（二）依固定的軸環繞方向，循環不變時，讀作「ㄓㄨㄢˋ」，故閱讀時，可以據詞、按義，定出多音字讀音，如「和氣」讀作「ㄏㄜˊ」，「暖和」讀作「‧ㄏㄨㄛ」。至於同音字（克與刻），可作詞語並呈方式教學，如克勤克儉／刻苦耐勞。另外，也可利用形聲字聲旁協助學生記憶字音，如帶有「侖」部件的字體，通常讀作「ㄌㄨㄣˊ」（侖輪倫淪圖），或變調讀作「ㄌㄨㄣˋ」（論）。

教學資源，建議下載教育部民國88年公告之《國語一字多音審訂表》，另外，也可指導學生查詢《教育部國語辭典簡編本》。

《國語一字多音審訂表》，請掃描

《教育部國語辭典簡編本》，請掃描

字義

　　字義教學以教導學童掌握字體本義與衍生義，以利閱讀、寫作提取字義理解文本、表達想法。象形字（日、月、水）、指事字（上、本、刃）、會意字（休、男、武），可以運用造字原則，形象地教導字義，而形聲字可以運用部首推測字義，如帶口部的字與器官、聲音、咬合動作有關（嘴、呱、咬），帶木部的字與樹木或木製品有關（椰、櫃），帶水部的字與自然的水或人體的水有關（江、淚），帶手部的字與手的動作有關（撿、拉）。如下表示例：

形符	意義	例字
冫	和冰、寒冷有關	冷、凍、冽
氵	和自然的水，或人體的液體有關	江、洋、汗、淚
刂	和刀或其屬性有關	劍、刨、利
口	和器官、嘴的動作、說話或聲音有關	嘴、喉、吃、喊、咆
殳	和兵器、打架有關	段、殺、毆、毀
手	和人的手及其動作有關	把、打、拿、拜
足	和腳及其動作有關	趾、路、踢、蹈
魚	和水生動物、魚及其屬性有關	鯉、鮮

　　另外，可以運用上下文理解字義，如高樓大廈／高級品牌，前者是距離地面遠，高大的意思，後者是超過一般水準的意思。

　　教學資源，建議學生運用《教育部國語辭典簡編本》、《教育部國語小字典》、《教育部重編國語辭典修訂本》查詢字義。

《教育部國語辭典簡編本》，請掃描

《教育部國語小字典》，請掃描

《教育部重編國語辭典修訂本》，請掃描

小提醒 《修訂本》的字音尚未依《國語一字多音審訂表》校正，不適合查找字音。

三 字形

　　字形教學可以利用漢字結構規律，引導學生辨認字形，掌握部件的關聯。對於形近字可以加入字音、字義的比較，提升字形的辨識度。教導書寫時，第一學習階段宜針對新的生字，逐字講解字體結構、筆順、筆畫形體（筆形）之特色，奠定書寫的知能。第二學習階段之後，對於比較容易觀察的字，如（一）筆畫在十畫以內。（二）合攏的字，如日、田。（三）字形對稱的字，如非、林。（四）構字部件是學生熟悉的。可以簡單講解，略過書空。至於比較難觀察的字，如（一）筆畫

在十畫以上，分作三、四的部分。（二）由斜線、曲線組成，細節部分雜碎，如疑、礙。（三）筆畫雖然不多，但線條曲折不整齊，如弟、奶、姊。

由於字形教學須講解字體結構、部首部件空間與筆畫變化、筆順原則、筆畫名稱與筆形，提供補充資料如下：

（一）字體結構分析表

項目	字體結構		範字
獨體字：外形連線	三角形（上角）結構		人、入、上、土、大、太、夫
	三角形（下角）結構		下、丁
	菱形（上下角）結構		十、小、卡、乎、年、木
	平行四邊形（斜方角）結構		刀
	正方形結構		口、田
	長方形（豎長）結構		月、目、臣、用
	長方形（扁平）結構		四
	梯形結構		二、三、工、五、皿、巨、豆
	四邊形結構		瓜、民
	五邊形結構		山、士、自、立、甲、子、耳
	六邊形結構		中、再
合體字：比例寬窄、長短、大小、高低	包圍結構	全包結構	團、回
		上包下結構	風、同、今
		下包上結構	凶、函
		左包右結構	區
		右包左結構	勻、可
		左上包右下結構	展、病

項目	字體結構		範字
合體字：比例寬窄、長短、大小、高低	包圍結構	左下包右上結構	道、建
		右上包左下結構	戎、馬
	左右結構	左右均分結構	顯（左高右低）
		左寬右窄結構	創
		左窄右寬結構	摸／使、得（左短右長）
		左長右短結構	扣、弘（左窄右寬）
		左短右長結構	吁、坤（左窄右寬）
		（下平結構）	叔、朝
		（上平結構）	研、野
		左高右低結構	即、斯、動、都、師
	左中右結構	左中右均分結構	謝
		中小結構	辦
		中窄結構	辨
		中大結構	衛
	上下結構	上下均分結構	留
		上短下長結構	員
		上長下短結構	書、售
		上窄下寬結構	尖、昌
		上寬下窄結構	雷、昔
	上中下結構	中小結構	素
		中大結構	茶
		中窄結構	靈

（二）部首部件變化（偏旁覆載）

部首部件	範字
木	木：獨體字，可以伸展撇與捺筆。 林：位於左邊時，為了讓右邊部件有書寫空間，將捺筆變為點。 樂：位於下半部時，空間有限，將撇改成短撇，捺筆改成長頓點。
山	山：獨體字，在方格中正常書寫。 崎：置於左邊時，壓縮左右空間，成瘦長狀。 巖：置於上邊時，壓縮上下空間，成扁平狀。 巒：置於下邊時，壓縮上下空間，成扁平狀。
工、土、玉	功、地、珠：部件置於左邊時，末筆橫畫改成挑筆。

（三）筆順原則（錄自教育部《常用國字標準字體筆順原則》）

原則	說明	範字
一、自左至右	凡左右並排結構的文字，皆先寫左邊筆畫和結構體，再依次寫右邊筆畫和結構體。	川、仁、街
二、先上後下	凡上下組合結構的文字，皆先寫上面筆畫和結構體，再依次寫下面筆畫和結構體。	三、星、意
三、由外而內	凡外包形體，無論兩面或三面，先寫外圍，再寫裡面。	刀、勺、問
四、先橫後豎	凡橫畫與豎畫相交，或橫畫與豎畫相接在上者，皆先寫橫畫，再寫豎畫。	十、士、甘
五、先撇後捺	凡撇畫與捺畫相交，或相接者，皆先撇而後捺。	交、入、長
六、	豎畫在上或在中而不與其他筆畫相交者，先寫豎畫。	小、山、水

羊與貓的旅行　看見國語課堂教學的新風景

原則	說明	範字
七、	橫畫與豎畫組成的結構，最底下與豎畫相接的橫畫，通常最後寫。	王、里、書
八、	橫畫在中間而地位突出者，最後寫。	女、丹、母
九、	四圍的結構，先寫外圍，再寫裡面，底下封口的橫畫最後寫。	日、田、回
十、	點在上或在左上的先寫，點在下、在內或右上的，則後寫。	卞、為、叉、犬
十一、	凡從戈之字，先寫橫畫，最後寫點、撇。	戍、戒
十二、	撇在上，或撇與橫折鉤、橫斜鉤所成的下包結構，通常撇畫先寫。	千、白、凡
十三、	橫、豎相交，橫畫左右相稱之結構，通常先寫橫、豎，再寫左右相稱之筆畫。	來、垂、喪
十四、	凡豎折、豎曲鉤等筆畫，與其他筆畫相交或相接而後無擋筆者，通常後寫。	區、臣、也
十五、	凡以ㄡ、辶為偏旁結構之字，通常ㄡ、辶最後寫。	廷、建、道
十六、	凡下托半包的結構，通常先寫上面，再寫下托半包的筆畫。	凶、函、出
十七、	凡字的上半或下方，左右夾中，且兩邊相稱或相同的結構，通常先寫中間，再寫左右。	兜、學、樂

國字標準字體筆順學習網，請掃描

（四）筆畫形體、名稱與例字

筆形	筆畫名稱	例字	筆形	筆畫名稱	例字
一	橫	一、工	㇄	豎挑	比、長
㇕、乛	橫折	口、目	ㄣ	豎橫折	吳
㇠	橫折橫	段、投	ノ	撇	少、白
㇇	橫鉤	字	㇀	豎撇	月
㇅	橫撇	又	㇛	撇頓點	女
㇈	橫曲鉤	乙、九	㇜	撇挑	公、去
㇆、㇇	橫折鉤	力、同	㇌	撇橫	母
㇂	橫斜鉤	汽、風	、	點	主
𠃌	橫撇橫折鉤	乃	丶	長頓點	不
丨	豎	十、中	㇂	斜鉤	我、成
㇗	豎折	七、匹	㇃	臥鉤	心、怎
㇄	豎橫折鉤	姊、弟	㇉、㇈	彎鉤	了、方
㇌	豎曲鉤	也、己	㇀	挑	打、地
亅	豎鉤	小、可	㇏	捺	送、入

　　羅秋昭（2003）認為內容深究的目的有六，分別是：擴展知識領域、建立正確的觀念、培養正確的判斷能力、訓練思維的方式、認識作者取材的方法與範圍、由欣賞文章培養美感經驗。陳正治（2008）主張內容深究要探討閱讀範文的主旨、段落大意、課文大意、取材、文句的意義、作者的思想發展、眼光識見、情操人格等。綜上可知，內容深究應包括文句、段落、篇章之取材、內容概略（大意）、主旨意涵；其次，藉由內容訓練思維、培養判斷能力；最後，則是鑑賞文本，培養美感經驗。

壹 課綱學習重點

　　國語文課綱各階段在內容深究之學習重點如下表所列：

★ 學習表現

第一學習階段	第二學習階段	第三學習階段
◎5-I-3 讀懂與學習階段相符的文本。 5-I-4 了解文本中的重要訊息與觀點。 5-I-6 利用圖像、故事結構等策略，協助文本的理解與內容重述。 5-I-7 運用簡單的預測、推論等策略，找出句子和段落明示的因果關係，理解文本內容。 5-I-9 喜愛閱讀，並樂於與他人分享閱讀心得。	◎5-II-3 讀懂與學習階段相符的文本。 5-II-4 掌握句子和段落的意義與主要概念。 5-II-6 運用適合學習階段的摘要策略，擷取大意。 5-II-7 就文本的觀點，找出支持的理由。 5-II-8 運用預測、推論、提問等策略，增進對文本的理解。 5-II-10 透過大量閱讀，體會閱讀的樂趣。	◎5-III-3 讀懂與學習階段相符的文本。 5-III-4 區分文本中的客觀事實與主觀判斷之間的差別。 5-III-6 熟習適合學習階段的摘要策略，擷取大意。 5-III-7 連結相關的知識和經驗，提出自己的觀點，評述文本的內容。 5-III-8 運用自我提問、推論等策略，推論文本隱含的因果訊息或觀點。 5-III-9 因應不同的目的，運用不同的閱讀策略。 5-III-10 結合自己的特長和興趣，主動尋找閱讀材料。 5-III-11 大量閱讀多元文本，辨識文本中議題的訊息或觀點。 5-III-12 運用圖書館（室）、科技與網路，進行資料蒐集、解讀與判斷，提升多元文本的閱讀和應用能力。

羊與貓 的旅行 看見國語課堂教學的新風景

✦ 學習內容

第一學習階段	第二學習階段	第三學習階段
Ac-I-3 基本文句的語氣與意義。 Ca-I-1 各類文本中與日常生活相關的文化內涵。	Ac-II-3 基礎複句的意義。 Ac-II-4 各類文句的語氣與意義。 Ad-II-2 篇章的大意、主旨與簡單結構。 Ca-II-1 各類文本中的飲食、服飾、交通工具、名勝古蹟及休閒娛樂等文化內涵。	Ac-III-3 各種複句的意義。 Ac-III-4 各類文句表達的情感與意義。 Ad-III-2 篇章的大意、主旨、結構與寓意。 ◎Ca-III-1 各類文本中的飲食、服飾、建築形式、交通工具、名勝古蹟及休閒娛樂等文化內涵。 Ca-III-2 各類文本中表現科技演進、環境發展的文化內涵。

　　國語文課綱在文本內容深究的學習重點，規範以下幾項重點：

一、讀懂各階段文本內容。

　　（一）各階段文本內容

　　1. 第一學習階段以閱讀兒歌、童詩、故事、記敘文、抒情文、應用文等文本內容。

　　2. 第二學習階段增加事物說明文及劇本兩種文本內容。

　　3. 第三學習階段再增加事理說明文、議論文及古典詩文等三種文本內容。

（二）讀懂文本內容

1. 讀懂詞語、句子、段落與篇章的訊息、大意、主旨與結構。

2. 指導學生運用圖像、故事結構、預測、推論、提問、自我提問、摘要等策略讀懂文本內容。

二、透過文本掌握文本傳遞的文化內涵。

三、培養閱讀態度、興趣與習慣。

四、運用科技輔助閱讀，提升閱讀理解與應用能力。

貳　教學策略

本章依據課綱學習重點，介紹提升學生「閱讀思考」，及學習「閱讀理解策略」兩種取向之內容深究教學方式，供教學者運用。

一　閱讀思考取向教學

閱讀思考是指閱讀者在閱讀過程中正確的運用各種思維形式，極佳地發揮周到、深刻、求新的思維活動的能力，善於質疑、善於求異、善於攻克難點、善於多項思考、善於入文出文（倪文錦、謝錫金，2006）。

國際教育成就評估協會（The International Association for the Evaluation of Educational Achievement, 簡稱 IEA）自2001年起主辦《促進國際閱讀素養研究》（Progress in International Reading Literacy Study, 簡稱 PIRLS），旨在評估不同國家四年

級學生的閱讀理解能力。該評量將閱讀理解歷程分為直接歷程及解釋歷程（高層次思考）兩大項，其中直接歷程又分直接提取（Focus on and Retrieve Explicitly Stated Information）、直接推論（Make Straightforward Inferences）兩項，解釋歷程又分詮釋整合（Interpret and Integrate Ideas and Information）、比較評估（Evaluate and Critique Content and Textual Elements）兩項。依據PIRLS 2021評量架構（引自張郁雯、詹益綾、林欣佑，2023），四個歷程定義與典型題型說明如下：

（一）直接提取

直接提取是指這一類的問題通常會將焦點擺在詞、短語、句子層次的意義，或請讀者試圖找出文本中宏觀結構（macrostructure）。典型題型如下：

1. 與特定目標有關的訊息。

2. 特定的想法、論點。

3. 字詞或句子的定義。

4. 故事的場景，例如時間、地點。

5. 文章中明確陳述的主題句或主要觀點。

6. 圖片中的特色訊息。

（二）直接推論

直接推論是指讀者需要連結段落內或段落間的訊息，推斷出訊息的關係（文中沒有明確描述的關係）。典型題型如下：

1. 推論出某事件所導致的另一事件。

2. 推論角色行動背後的原因點。

3. 描述人物間的關係。

4. 找出文本中段落或網站對特定目的是有用的。

（三）詮釋整合

詮釋整合是指讀者需要運用自己的知識理解並建構文章的細節，以讓其更完整。若是採取數位閱讀，則是指讀者需要整合多元文本的訊息。典型題型如下：

1. 歸納全文訊息或主題。

2. 詮釋文中人物可能的特質、行為與做法。

3. 比較及對照文本訊息（包含網頁內或跨網頁的文本訊息）。

4. 推測故事中角色語氣語故事氣氛。

5. 詮釋文本訊息在真實世界中可能的應用方式。

（四）比較評估

比較評估是指讀者需以批判的角度，考量文章中的訊息。典型題型如下：

1. 判斷文中訊息的完整性與清楚度。

2. 評估文章描述事件確實發生的可行性。

3. 評估作者的論點是否具有說服力。

4. 評估文本標題是否能反映主題的程度。

5. 描述語言特色的效果，如察覺出隱喻與氣氛。

6. 描述作者如何安排讓人出乎意料的結局。

7. 描述圖在文本中的作用。

8. 判定文本或網站的立場與偏誤。

9. 判定作者論述的立場。

10. 判斷網站訊息的可信度。

11. 評斷網站查找訊息的便利性。

以康軒五下〈蚊帳大使〉示例四層次提問：

　　西元二〇一八年六月，被封為「蚊帳大使」的美國女孩——凱瑟琳，來到臺灣發表演講，讓我們看見她努力實現夢想，以小小的手幫助了許多受苦的孩子。

　　西元二〇〇六年，五歲的凱瑟琳得知在非洲平均每三十秒，就有一個小孩因為感染瘧疾而去世時，不禁想到家中三歲的弟弟。面對任何一個小孩死去，她都覺得很難過。她一臉驚慌失措的對媽媽說：「我們需要做點什麼！」

1. 凱瑟琳得知在非洲每三十秒就有一個孩子死亡，為什麼會感到驚慌失措？
（提取訊息）

媽媽告訴凱瑟琳，非洲的蚊子很多，而瘧疾是經由蚊子傳染的，有一種用除蟲藥水處理過的蚊帳，可以保護人類不被蚊子叮，但這種蚊帳對當地居民來說太貴了，他們買不起。凱瑟琳一聽，決定將學校的點心費和買玩具的錢存下來買蚊帳，媽媽也非常認同她的想法，鼓勵她付出行動。

凱瑟琳和媽媽買了一頂大蚊帳，找到只要蚊帳協會——專門為非洲孩子募集蚊帳的團體，把蚊帳寄過去。不久，凱瑟琳收到協會寄來的信，感謝她的付出，同時也提到她是目前年紀最小的捐贈人。讀著這封回信，凱瑟琳沒有露出笑容，她說：「我們只捐了一頂蚊帳，雖然這個三十秒，沒有孩子死去，可是下一個三十秒，還是有人會死。」

凱瑟琳知道還有很多人需要蚊帳，她和媽媽在二手市場義賣，希望能存更多的錢買蚊帳。她還自己設計獎狀，人們只要捐贈一頂蚊帳的錢，就可以得到一張獎狀。每張獎狀都是由她聚精會神、一筆一畫的寫下：「以你的名義，我們買下一頂蚊帳，送給非洲的孩子。」

2. 根據課文描述，非洲有許多孩子死於瘧疾的原因是什麼？
（提取訊息）

3. 「每張獎狀都是由她聚精會神、一筆一畫的寫下：『以你的名義，我們買下一頂蚊帳，送給非洲的孩子。』」凱瑟琳這麼做的原因是什麼？
（推論訊息）

羊與貓 的旅行 看見國語課堂教學的新風景

人們被她的善良感動，帶著孩子加入買蚊帳或做獎狀的行列。社區的教堂也請她去演講，她讓大家明白蚊帳可以幫助非洲孩子，許多人紛紛響應。她喜不自禁，開始到各地演講，四處募捐。

有一天，凱瑟琳看見足球明星貝克漢為只要蚊帳協會拍的廣告，她立刻寄一封信和獎狀給他，表示感謝。貝克漢不但收藏這張珍貴的獎狀，還把獎狀的圖片貼到個人網站，引起世人的關注。

西元二〇〇七年六月，凱瑟琳收到一封來自非洲的信，信裡寫著：「謝謝你送的蚊帳，我們看了你的照片，都覺得你很美！」這封信給了凱瑟琳極大的鼓舞，於是，她和同伴精心製作了一百張獎狀並附上信件，寄給富比士雜誌中所列的全球富豪，其中一張信寫著：

> 親愛的比爾·蓋茲先生：
>
> 　　如果沒有蚊帳，非洲的小孩會因為瘧疾而死掉。他們沒有錢買蚊帳，可是我聽說錢都在你那裡……。

4. 凱瑟琳募捐蚊帳的行動和決心，對人們產生什麼影響？
（提取訊息）

5. 你認為凱瑟琳具備什麼人格特質？請從課文中找出兩個理由支持你的看法。
（推論訊息）

比爾‧蓋茲深受感動，幾個月後，蓋茲基金會宣布捐助三百萬美元給只要蚊帳協會，響應「捐一頂蚊帳，救一條生命」的活動。

每一個人都有改變世界的潛力，不要忽視一個人的力量，信念有多強，力量就有多大。夢想的力量可以像滾雪球一樣，越滾越大，可以讓孩子救了孩子，把不可能化為可能。

6. 作者用哪一句話總結凱瑟琳募集蚊帳行動的影響力？（提取訊息）你認為適切嗎？請說明理由。（詮釋整合、比較評估）

7. 凱瑟琳被稱為「蚊帳大使」適切嗎？說明你的看法。（詮釋整合）

8. 藉由凱瑟琳的故事，作者想傳達什麼？（詮釋整合）

教師教學時，可以參照出版社在教師手冊提供的四層次問題，先檢核討論問題與四層次的對應是否一致。接著，依據教學時間挑選提問或討論的問題，直接提取題可以採用問答法方式教學，由教師提問→學生回答即可；直接推論題，老師引導學生針對提問的問題，於文本中搜尋相關的語句，再依據語句推論出答案；至於詮釋整合及比較評估問題，建議預留時間，讓學生分組討論與發表，並給予回饋。

另外，除了四層次提問外，「換位思考」題，可以連結學生生命與經驗，建議教師可以增列問題：「如果你是凱瑟琳，你是否也會採取同樣的行動去幫助非洲的孩子？」甚至是「創意思考」題：「除了捐助蚊帳外，還有什麼方式可以避免非洲小孩得到瘧疾？」也可以納入提問，誘發增進學生的創意思考力。

二 閱讀理解策略取向教學

柯華葳（1994、1999、2006）、鄭麗玉（2000）、鍾聖校（1990）等人主張閱讀由識字與理解兩部分組成。識字即是記憶字體，能辨認字形、辨讀字音和掌握字義；而理解則是在閱讀的過程中，理解文本的詞語、句子、段落及篇章內容：「詞語理解」是指閱讀者能利用上下文推出詞義或指代詞。「句子理解」是指閱讀者能掌握句子表層或深層的涵義、推論出句子的因果／情緒／狀態等隱含內容、摘要出句子重點。「段落理解」是指閱讀者能掌握段落主旨、段落訊息、推論出段落因果／人物／情緒／狀態／工具等隱含內容、摘要出段落大意。「篇章理解」是指閱讀者能掌握篇章訊息、篇旨、推論出篇章因果／人物／情緒／狀態／工具等隱含內容、摘要出篇章大意等。如下表所列：

閱讀成分	項目	細項
識字	記憶字體	字形、字音、字義
理解	理解詞語	詞義、指代詞推論
	理解句子	句義、句子推論、句子摘要
	理解段落	段旨、段落訊息、段落推論、段落大意
	理解篇章	篇旨、篇章訊息、篇章推論、篇章大意

以康軒九貫六下教材第二課〈把愛傳下去〉示例，原文如下：

把愛傳下去

「哪裡有需要，家扶就在那裡。」這是家扶基金會堅持的信念。基金會認為孩子們的未來不應被貧窮所羈絆，因此招募善心人士投入愛的行列，擔任認養人或志工夥伴，成為一股陪伴的力量，幫助弱勢孩童在成長道路上不再感到孤單迷惘。

在電影《賽德克•巴萊》扮演莫那•魯道的林慶台，以及職業棒球明星林智勝，小時候都曾經接受過家扶中心的扶助，長大後也都懷抱感恩之心，回饋社會，成為照亮他人生活的小太陽。

林慶台是泰雅族人。小時候，因為父親驟逝，生活陷入困境，使他成為宜蘭家扶中心第一代的認養孩童。在民國五十幾年時，山區的交通很不方便，但是家扶的社工人員仍舊不辭辛勞，千里迢迢來到部落，聽他訴說心中的苦惱，鼓勵他安心讀書。這段陪伴的日子，讓林慶台每每回想起來總是倍感溫馨。他曾說：「沒有家扶，就沒有今天的我！」

後來，回到部落擔任牧師的林慶台，發現許多青少年跟當年的他一樣，面臨著家庭的變異與學習的逆境。一直以來，他深信旁人的幫助足以改變一個人的未來，因此他總是竭盡所能的付出，幫助部落裡的青少年找到屬於自己的一片天。

在棒球場上發光發熱的林智勝，也曾是接受家扶中心扶助的孩童。當他提到孩童時代的認養人時，不禁激動得流著眼淚說：「感謝黃正勳醫師，在我最辛苦的時候，給我的幫助！」當年，黃醫師從家扶中心得知林智勝的家境窘困，為了讓年僅十三歲的他可以不愁溫飽，專心練球，每個月都資助三千五百元的生活費，一直持續到他高中畢業。

林智勝把對黃醫師的感謝，都投注在棒球的練習上，終於在棒球場上發光發熱。成為職棒球員之後，他也開始資助弱勢孩子脫離貧窮的困境，立志要把這份無私的愛延續下去。他說：「做這件事，比擊出全壘打更快樂！」

六十多年來，各地的家扶中心陪伴過二十六萬名國內的貧困兒童成長，讓他們擁有一個健康成長的環境、自立生活的機會。這些溫馨的扶助都帶動更多愛的循環，像漣漪一樣不斷擴散開來，並激勵人心、創造溫暖，成為一股最美好的力量。

（一）詞語理解

詞語理解利用文本分別教導學生學習上下文、字義推詞義、拆詞、推論指代詞等四種理解詞語的策略：

詞語	策略	教師提問	教學策略
溫馨	上下文策略	「家扶的社工人員仍舊不辭辛勞，千里迢迢來到部落，聽他訴說心中的苦惱，鼓勵他安心讀書。這段陪伴的日子，讓林慶台每每回想起來總是倍感溫馨。」 句中的「溫馨」是什麼意思？	1. 指導學生從文本中找出對應「溫馨」的證據：⑴ 千里迢迢到部落、⑵ 聽訴苦、⑶ 鼓勵讀書、⑷ 長期陪伴。 2. 歸納⑴⑵⑶⑷等項證據，推出「溫馨」應有「親切、友善、溫暖」的意思。
夥伴	字義推詞義策略	「基金會認為孩子們的未來不應被貧窮所羈絆，因此招募善心人士投入愛的行列，擔任認養人或志工夥伴，成為一股陪伴的力量，幫助弱勢孩童在成長道路上不再感到孤單迷惘。」 句中的「夥伴」是什麼意思？	1. 引導學生以「夥伴」的「伴」作「詞尾法」造詞，如：同伴、學伴、玩伴、遊伴、老伴、良伴、男伴、女伴⋯⋯。 2. 上述的「○伴」都有「同在一起的人」的意思。因此，推測「夥伴」也有這樣的意思。
激勵	拆詞策略	「這些溫馨的扶助都帶動更多愛的循環，像漣漪一樣不斷擴散開來，並激勵人心、創造溫暖，成為一股最美好的力量。」 句中的「激勵」是什麼意思？	運用拆詞三步驟：1.拆字造詞、2.新詞組裝、3.原句理解來找出詞義： 1. 「拆字造詞」，引導學生將「激勵」兩字分別造詞。①激：激動、激發。②勵：鼓勵、勵行。

羊與貓 的旅行　看見國語課堂教學的新風景

詞語	策略	教師提問	教學策略
激勵	拆詞策略		2.「組裝詞語」：激動鼓勵、激發鼓勵、激動勵行……。 3. 回放原句理解： 正確：……，並「激發鼓勵」人心、創造溫暖……。 不正確：……，並「激動勵行」人心、創造溫暖……。
我、他	推論指代詞策略	林慶台是泰雅族人。小時候，因為父親驟逝，生活陷入困境，使他成為宜蘭家扶中心第一代的認養孩童。在民國五十幾年時，山區的交通很不方便，但是家扶的社工人員仍舊不辭辛勞，千里迢迢來到部落，聽他訴說心中的苦惱，鼓勵他安心讀書。這段陪伴的日子，讓林慶台每每回想起來總是倍感溫馨。他曾說：「沒有家扶，就沒有今天的我！」 文中最後一句話：他曾說：「沒有家扶，就沒有今天的我！」句中的「他」和「我」是指何人？	1. 先找段落中出現的人物或機構：林慶台、父親、家扶中心、社工。 2. 將上述人物或機構替換到語句中的他與我，便可得知「他」和「我」均是指林慶台。

（二）句子理解

句子理解介紹掌握句義、摘錄句子重點等兩種理解策略：

項目	文本	教學策略
掌握句義	一直以來，他深信旁人的幫助足以改變一個人的未來，[因此]他總是竭盡所能的付出，幫助部落裡的青少年找到屬於自己的一片天。 本句話的涵義為何？	1. 搜尋句中是否出現連詞，如：因此、所以、然而、但是、也……等連詞後面的內容，即是語句的重點。如：本句找出「因此」帶出的語句重點：「他總是竭盡所能的付出，幫助部落裡的青少年找到屬於自己的一片天。」 2. 指導學生將找出的重點句，練習換句話說，以確定學生能正確解讀語句涵義。 3. 換句話說的方式，可以替換同義詞，或改變句式，如：因果句改成果因句，把字句改成被字句，疑問句改成肯定句，否定句改成肯定句等。故得出本句句義為：「全力幫助部落青少年走出自己的路。」
摘要句子	當年，黃醫師從家扶中心得知林智勝的家境窘困，為了讓年僅十三歲的他可以不愁溫飽，專心練球，每個月都資助三千五百元的生活費。 請摘要出上述句子的重點。	1. 先指導學生認識句子結構： 　⑴敘事句：誰＋做＋什麼 　⑵判斷句：誰＋是／不是＋什麼 　⑶有無句：誰＋有／沒有＋什麼 　⑷表態句：什麼＋怎麼樣 2. 引導學生利用上述句子結構，找出語句的重點。 3. 可以先找出句子中最後一個「的」帶出的詞語，往往是核心詞，再往前找出動詞與主詞。故本句先找出「生活費」，再往前找到「資助」，最後再找出主詞「黃醫師」，得出本句重點為：黃醫師資助（林智勝）生活費。

（三）段落理解

句子理解介紹掌握段旨、提取段落訊息等兩種理解策略：

項目	文本	教學策略
段落主旨	林慶台是泰雅族人。小時候，因為父親驟逝，生活陷入困境，使他成為宜蘭家扶中心第一代的認養孩童。在民國五十幾年時，山區的交通很不方便，但是家扶的社工人員仍舊不辭辛勞，千里迢迢來到部落，聽他訴說心中的苦惱，鼓勵他安心讀書。這段陪伴的日子，讓林慶台每每回想起來總是倍感溫馨。他曾說：「沒有家扶，就沒有今天的我！」 本段的段旨為何？	1. 主旨與作者（主角）的想法、感受有關，通常出現在段落結尾，或可依據體裁搜尋主旨，如記敘文、抒情文段旨出現在段落的情感句，議論文的論點段出現在論點句、論據段出現在結語句等。當然也可參酌句子理解方式，先找到段落中連接詞後的文句，再做判定是否為作者（主角）的想法或感受。 2. 找到主旨句後，請學生依語句內容換句話說，以確認學生掌握段落重點。如：本段的感受為林慶台說的話：「沒有家扶，就沒有今天的我！」換句話說後，本段段旨為：林慶台對家扶中心的感念。
段落訊息	後來，回到部落擔任牧師的林慶台，發現許多青少年跟當年的他一樣，面臨著家庭的變異與學習的逆境。一直以來，他深信旁人的幫助足以改變一個人的未來，因此他總是竭盡所能的付出，幫助部落裡的青少年找到屬於自己的一片天。 本段敘述的訊息內容為何？	1. 段落訊息是呼應段落綱要的相關內容，依據表達需要，一個段落至少會有兩個以上的訊息內容，並以句末符號：句號、問號、驚嘆號區分訊息的範圍。 2. 教學時，先引導學生依據句末符號括號區分出訊息範圍，或標上123⋯⋯，以掌握各段的訊息數量。接著，指導學生依據每個訊息內容以「誰做什麼」提取出各層次的訊息。

項目	文本	教學策略
段落 訊息		3. 本段共有兩個訊息，分別 是： 　⑴林慶台發現部落青年面 　　臨困境。 　⑵林慶台幫助部落青年找 　　到自己的一片天。

（四）篇章理解

項目	文本	教學策略
篇章 主旨	本篇文章的主旨為何？	1. 利用文體特徵找篇旨，如： 記敘文的篇旨落在情感段、議 論文篇旨落在論點段、故事篇 旨落在回響段、詩歌篇旨落在 結尾句等。 2. 本篇文章可以從篇末：「這 些溫馨的扶助都帶動更多愛的 循環，像漣漪一樣不斷擴散開 來，並激勵人心、創造溫暖， 成為一股最美好的力量。」歸 納出本課的篇旨：「溫馨的協 助可以帶動善的循環，成為美 好的力量。」

羊與貓 的旅行　看見國語課堂教學的新風景

形式深究主要針對課文的文體特徵、分段、段意、大綱／文章結構（圖）等項目引導學生認識文本的形式組織方式與特色。

壹 課綱學習重點

國語文課綱各階段在形式深究的學習重點如下表所列：

★ 閱讀學習表現

第一學習階段	第二學習階段	第三學習階段
5-I-5 認識簡易的記敘、抒情及應用文本的特徵。 5-I-6 利用圖像、故事結構等策略，協助文本的理解與內容重述。	5-II-5 認識記敘、抒情、說明及應用文本的特徵。	5-III-5 認識議論文本的特徵。

★ 文字篇章（4. 篇章）學習內容

第一學習階段	第二學習階段	第三學習階段
Ad-I-1 自然段。 Ad-I-3 故事、童詩等。	Ad-II-1 意義段。 Ad-II-2 篇章的大意、主旨與簡單結構。 Ad-II-3 故事、童詩、現代散文等。	Ad-III-1 意義段與篇章結構。 Ad-III-2 篇章的大意、主旨、結構與寓意。 Ad-III-3 故事、童詩、現代散文、少年小說、兒童劇等。 Ad-III-4 古典詩文。

✦ 文本表述學習內容

第一學習階段	第二學習階段	第三學習階段
Ba-I-1 順敘法。	Ba-II-1 記敘文本的結構。 ◎Ba-II-2 順敘與倒敘法。	◎Ba-III-1 順敘與倒敘法。
◎Bb-I-1 自我情感的表達。 ◎Bb-I-2 人際交流的情感。 Bb-I-3 對物或自然的感受。 ◎Bb-I-4 直接抒情。	◎Bb-II-1 自我情感的表達。 ◎Bb-II-2 人際交流的情感。 Bb-II-3 對物或自然的情懷。 ◎Bb-II-4 直接抒情。 ◎Bb-II-5 藉由敘述事件與描寫景物間接抒情。 Bb-II-6 抒情文本的結構。 Bc-II-2 描述、列舉、因果等寫作手法。	◎Bb-III-1 自我情感的表達。 ◎Bb-III-2 人際交流的情感。 Bb-III-3 對物或自然的感悟。 ◎Bb-III-4 直接抒情。 ◎Bb-III-5 藉由敘述事件與描寫景物間接抒情。 Bc-III-2 描述、列舉、因果、問題解決、比較等寫作手法。 Bd-III-3 議論文本的結構。
Be-I-1 在生活應用方面，如自我介紹、日記的格式與寫作方法。	Be-II-1 在生活應用方面，以日記、海報的格式與寫作方法為主。	Be-III-1 在生活應用方面，以說明書、廣告、標語、告示、公約等格式與寫作方法為主。

羊與貓 的旅行 看見國語課堂教學的新風景

第一學習階段	第二學習階段	第三學習階段
Be-I-2 在人際溝通方面，以書信、卡片等慣用語彙及書寫格式為主。	Be-II-2 在人際溝通方面，以書信、卡片、便條、啟事等慣用語彙及書寫格式為主。 Be-II-3 在學習應用方面，以心得報告的寫作方法為主。 Be-II-4 應用文本的結構。	Be-III-2 在人際溝通方面，以通知、電子郵件、便條等慣用語彙及書寫格式為主。 Be-III-3 在學習應用方面，以簡報、讀書報告、演講稿等格式與寫作方法為主。

註：筆者建議第三學習階段應用文的說明書改列為說明文。

　　國語文課綱在閱讀學習表現列出記敘、抒情、說明、議論、應用五大文本，又於文字篇章第4項篇章內列出故事、童詩、現代散文、少年小說、兒童劇、古典詩文等文本。

　　若以古典與現代作為分類標準，如下表所示：

古典	現代
古典詩文	記敘文、抒情文、說明文、議論文、應用文、故事、童詩、現代散文、少年小說、兒童劇

　　古典詩文在國小國語教材出現的目的，主要是讓學生初步認識簡易文言文的作品與教材編輯的樣式，以利學生上國中時可以順利銜接教材。在古典詩部分，主要學習近體詩，以五言與七言的絕句、律詩為教材，在古典文部分，主要學習短篇寓言故事或小說為主。

現代詩文部分，再以文類與文體畫分，如下表所示：

文類	文體
現代散文、現代詩歌（童詩、兒歌）、現代小說（少年小說）、現代戲劇（兒童劇）	記敘文、抒情文、說明文、議論文、應用文、故事、童詩、兒歌、劇本

　　以文學作品的形式作分類，簡稱文類。散文、詩歌、小說和戲劇被稱為四大文類。因此，現代文學慣分成現代散文、現代小說、現代詩歌、現代戲劇四類。文體是文章的體裁，是文章構成的一種特有的規格和模式，反映了文章從內容到形式的整體特點；文章內容決定、選擇、運用哪種文體，取決於寫作對象的特點和作者的態度（金振邦，1995）。如以「安平古堡」為寫作對象，其特點是歷史、古蹟、景點等，如果作者的態度是記錄走訪安平古堡的參觀過程與感受，則會選擇記敘文或抒情文，甚至詩歌的體例寫作；如果想介紹、解說安平古堡的歷史與建物特色，則會選擇說明文的體例寫作；如果想評論安平古堡在當年的軍事地位，則會選擇議論文的體例寫作；如果想讓學生了解安平複雜的歷史，將安平古堡擬人，以故事的體例寫作，亦是可行的。

　　現今課綱將「記敘文、抒情文、說明文、議論文、應用文、故事、童詩、現代散文、少年小說、兒童劇」等作品類型混在一起，既有文類又有文體，教學時，有時用文體教學，如〈安平古堡參觀記〉是記敘文，有時用文類教學。如〈荒島上的國王〉（《魯賓遜漂流記》小說節選之篇章）是小說。原則上，並沒有教錯，只是位階不同。

為解決上述問題，本章參考教育部82年《國民小學國語課程標準》的分類方式，散文下轄記敘文、說明文、議論文的作法，整合課綱中的文類、文體與寫作對象如下表：

文類	文體	寫作對象
散文	記敘文	人、事、物、景
	抒情文	人、事、物、景
	說明文	事物（人、事、物、景）、事理（理）
	議論文	人、事、物、景、理（單項題類型：談論型、為何型、什麼型、如何型）
	應用文	書信、卡片、日記、便條、啟事、報告、告示、公約、講稿等
詩歌	兒歌	人、事、物、景
	童詩	人、事、物、景
小說	故事	神話、寓言、童話、民間、歷史、生活、科學等
戲劇	劇本	廣播劇、偶劇、舞臺劇等

如此一來，教師在教學文體時，可做清楚的講解。至於課綱將「故事、童詩、現代散文、少年小說、兒童劇、古典詩文」放置在文字篇章的位置，未來若做課綱修訂或新訂課綱時，宜將「故事、童詩、兒童劇、古典詩文」放回閱讀學習表現項下，指導學生認識「故事、童詩、兒童劇（本）、古典詩文」的特徵。至於散文、小說、詩歌、戲劇等文類可以置於第四學習階段之後，讓學生擴大學習對象。

另課綱在記敘文、抒情文兩項的學習內容，介紹順敘法、倒敘法及各種抒情方式，均非記敘文與抒情文的特徵，未來也須調整修正。

貳 文體教學策略

過去文體教學常採用直接講述方式，告知學生某課為某文體，並請學生筆記於課文標題之下。然而，記敘文、說明文、議論文、抒情文等體裁均可以人、事、物、景為寫作對象，如〈安平古堡〉一題，可以寫記敘文、抒情文、說明文、議論文，甚至是故事，因此，直接講述某課為什麼文體並不適切。

教學時，應引導學生按照各文體的特徵，從文本中找出符合該文體特徵的證據，進而判定文體才精確。依據教材篇的說明，歸納各文體的特徵如下：

文體	特徵	備註
記敘文	1. 作者記錄自身經歷的真人真事 2. 經歷後的思想感情	真人真事分量＞思想感情要素、人稱不是判定的關鍵
抒情文	1. 作者記錄自身經歷的真人真事 2. 經歷後的思想感情	真人真事分量＜思想感情要素、人稱不是判定的關鍵
說明文	1. 作者介紹事物、事理的真實知識 2. 以客觀手法寫作，不帶入個人情感為原則	對象是某人、某物、某事、某景、某理，即介紹他、她、它、牠、祂的知識。人稱不是判定的關鍵
議論文	1. 作者對某一主題提出論點 2. 舉「論據」來「論證」「論點」為真的過程 3. 以主觀手法寫作	對象是論述某人、某物、某事、某景、某理，並舉例論證
應用文	各個類型有特定的書寫格式	依據格式判定類別及文體
故事	作者敘寫某人或某物，真實或虛構的事件內容	某人或某物真實事件 某人或某物虛構事件

文體	特徵	備註
兒歌	作者針對主題分行敘寫內容，通常會押韻	句法可整齊、不整齊
童詩	作者針對主題分行敘寫詩句，不要求押韻	句法通常不整齊
劇本	有角色及對話，陳述事件內容	不一定換幕

　　進一步以記敘文、說明文、議論文、故事等四個體裁的文體教學作示例。

一 記敘文

　　以康軒二上〈小鎮的柿餅節〉課文為例，搭配自主學習四學模式：教師導學、組內共學、組間互學、學生自學，指導學生依據記敘文特徵，學習判定文體策略。

第一步 請學生朗讀或默讀文本

> ### 小鎮的柿餅節
>
> 　　秋天來了，柿餅節的活動開始了，原本靜靜的新埔小鎮，變得熱鬧起來。
>
> 　　走進小鎮，一陣一陣的柿餅香飄了過來。我看到很多做柿餅的人家，屋前屋後都排滿了柿子，遠看一籃一籃的柿子，在陽光下一片金黃；近看一個一個紅紅的柿子，真是可愛。
>
> 　　爸爸說，每年九月到十二月，這裡的秋風和陽光，會把柿子慢慢風乾，變成又香又甜的柿餅。

每年柿餅節，有很多遊客會到新埔玩，除了吃一吃這裡的客家菜，也會買柿餅送給親朋好友，祝大家心想「事」成、「事事」如意！

第二步 教師導學（以第一段示範指導）

1. 小朋友，剛剛各位讀過了課文內容，現在老師要帶大家在這些語句內容上作標記。如果是作者發生或觀察到的「真實」內容，我們就打上括號，如果是作者在事件經歷後所產生的感受，如心理反應或動作反應，我們就畫上底線。

2. 老師舉兩個例子：

⑴「（今天營養午餐的湯品是冰冰涼涼的綠豆湯，）好好喝呵！」這個例子的第一句話是事實，我們要打上括號，第二句話是作者的感受，屬於心理反應，我們要畫上底線。

⑵「（吃完午餐，我到湯桶舀了一大碗綠豆湯，）喝了一口就一口接一口，停不了手。」這個例子的前二句話是事實，我們要打上括號，第三句話開始是作者以動作表達想喝、好喝的感受，屬於動作反應，我們要畫上底線。

3. 現在我們看第一段，前面兩句話，應該是事實，所以打上括號。下一句話，是作者的感受，我們畫上底線。

（秋天來了，柿餅節的活動開始了，）原本靜靜的新埔小鎮，變得熱鬧起來。

第三步 學生自學、組內共學、組間互學、教師導學

1. 學生自學：小朋友，接下來，請大家自己試作第二段。（教師巡視行間，了解學生作答情形）

2. 組內共學：做完後，請各個小組開始組內共學，討論成員剛剛作答的情形。（教師巡視行間，了解各組作答情形）小組有了共識後，請拍照截圖上傳我們的平臺。

3. 組間互學：現在，我們請第一組上臺發表，並接受其他組的詢問及回應。

⑴老師、各位同學大家好，我們是第一組，螢幕上的截圖是我們這組討論的結果是，從「走進……」到「……紅紅的柿子，」是真實的事，我們打上括號，「真是可愛。」是感受，我們畫上底線。

> （走進小鎮，一陣一陣的柿餅香飄了過來。我看到很多做柿餅的人家，屋前屋後都排滿了柿子，遠看一籃一籃的柿子，在陽光下一片金黃；近看一個一個紅紅的柿子，）<u>真是可愛。</u>

⑵請問，有沒有其他組同學要提問的。如果沒有，我們的報告結束，謝謝大家。

4. 教師導學：剛剛第一組同學報告的很好，老師的作答結果跟他們一樣，很棒。（註：即使報告組負有報告、接受提問與回覆的任務，但學生仍會有盲點或兩組答案僵持不下的情形，此時，老師應出面給予正確的解答，並說明判定的理由，讓學生有所依循。）

第四步 同第三步，讓學生熟練四學模式，請學生續做第三段。答案如下：

> （爸爸說，每年九月到十二月，這裡的秋風和陽光，會把柿子慢慢風乾，）變成又香又甜的柿餅。

第五步 同第三步。若學生已經熟練流程，可以改成學生自學、教師導學（核對答案）兩步驟。答案如下：

> （每年柿餅節，有很多遊客會到新埔玩，除了吃一吃這裡的客家菜，也會買柿餅送給親朋好友，）祝大家心想「事」成、「事事」如意！

第六步 教師導學（導入記敘文特徵）

1. 小朋友，以後閱讀的文章，只要是作者針對人、事、物、景敘寫自己發生的事，並帶出這些經歷的感受，而且真實事件的內容多於感受，那麼這篇文章就是記敘文。如果真實的事少於感受，那麼這篇文章就是抒情文。

2. 另外，故事是作者寫「某人」或「某物」發生真實或虛構的事件內容，與作者寫「自身」的事件內容與感受不同，所以故事不是記敘文。

3. 最後，說明文是作者以客觀的文字，介紹某人、某事、某物、某景、某理的真實內容，主要傳遞特徵、關係、功用、事理等「知識」給讀者認識，且不能介入個人感受，因此，說明文不是記敘文。

二 說明文

以康軒三上第九課〈馬太鞍的巴拉告〉示例如下：

第一步 請學生朗讀或默讀文本

> ### 馬太鞍的巴拉告
>
> 　　居住在花蓮馬太鞍溼地的阿美族人，有一種特別的捕魚方式。他們不是辛苦的去找魚，而是打造一個讓魚可以安心生長的魚屋，讓魚自己住進來。這就是「巴拉告」——阿美族語所指的魚屋。
>
> 　　阿美族人運用溼地地形為魚蓋魚屋。這個特別的魚屋有三層：底層是中空的大竹子，住在這裡的魚喜歡晚上出來活動；中層有許多細樹枝，因為這裡大魚進不去，所以是小魚最安全的生活空間；在最上層，放著許多水生植物或大片的葉子。
>
> 　　魚屋蓋好以後，大魚就會到這裡來找食物，上層的水生植物，讓牠們不被水鳥發現。大魚沒吃完的食物會慢慢落下，有的卡在中間的細樹枝上，成為小魚、小蝦的點心。有的留在最底層，讓躲在大竹子中的魚享用。
>
> 　　再過不久，魚屋裡的魚越來越多，阿美族人想要吃魚的時候，不用出海，也不用辛苦的釣魚，只要拿著魚網到這裡抓魚，就可以好好享用了。
>
> 　　馬太鞍的「巴拉告」，讓我們看到阿美族先人的智慧。阿美族人用這種聰明的方法捕魚，也讓大自然的生態生生不息。

1. 小朋友，剛剛各位讀過了課文內容，現在老師要帶各位在這些語句內容上作標記。如果是作者介紹寫作對象（馬太鞍巴拉告）的「真實」、「客觀」內容，我們就打上括號，如果發現主觀的感受或評論語句，我們就畫上底線。

2. 老師舉兩個例子：

⑴「（臺灣目前發現五種山椒魚，分別是觀霧山椒魚、臺灣山椒魚、南湖山椒魚、楚南氏山椒魚、阿里山山椒魚。）」本句話就是真實、客觀的內容，我們可以將語句打上括號。

⑵「（山椒魚對水源的依賴程度很高，）因此，山椒魚周遭棲地品質變化需要受到關注及改善。」這個例子的第一句話是事實，我們要打上括號，第二句話是作者表達的建議，我們要畫上底線。依據說明文的特徵要求，不應出現作者個人的感受與觀點，理應刪除，惟感受與觀點若屬於眾人的共識，還是可以出現在文本當中，因此本例中的「山椒魚周遭棲地品質變化需要受到關注及改善」文句，是可以保留的。

3. 現在我們看第一段，兩個層次內容應該都是客觀的事實，所以打上括號。第一層次中「特別的」屬於作者的的感受，惟巴拉告的確與其他魚屋不同，所以可以保留。

> （居住在花蓮馬太鞍溼地的阿美族人，有一種特別的捕魚方式。他們不是辛苦的去找魚，而是打造一個讓魚可以安心生長的魚屋，讓魚自己住進來。）（這就是「巴拉告」——阿美族語所指的魚屋。）

第三步 學生自學、組內共學、組間互學、教師導學

1. 教師仿照記敘文的教學模式，引導學生判定各段內容。

2. 最後教師再統整一次說明文的特徵：

⑴ 作者以客觀的文字，介紹某人、某事、某物、某景、某理的真實、客觀內容。

⑵ 不能帶入個人感受與觀點，若有，需要刪除。而大家可以認同的感受與想法，則可以保留。

三 議論文

以康軒五上第九課〈在挫折中成長〉示例如下：

第一步 請學生朗讀或默讀文本

在挫折中成長

遇上困難，你會勇敢面對，還是選擇逃避？身處逆境，你會尋求突破，還是維持現狀？遇到失敗，你會奮戰再起，還是宣告放棄？人生的道路上，往往崎嶇不平，甚至困境重重，只有在每一次的挫折中，接受困境的磨練，以挫折考驗自己，進而磨練出堅強的意志，才能勇往直前。

名聞全球的奇幻小說女王J.K.羅琳，年輕時，窩居在英國愛丁堡沒有暖氣的住所裡，不僅沒有工作，還要面對壓力引發的心理疾病，處境艱辛。西元一九九五年，她用一臺老舊的打字機，完成《哈利波特——神祕的魔法石》初稿，卻接連被四家出版社退稿。羅琳告訴自己：「不要

害怕請求對方『再給我一次機會』，只要願意堅持，機會就會降臨。」正因為堅持不放棄，她的書終於得到出版社的認同，出版後也得到各地童書大獎。哈利波特系列作品甚至被翻譯成八十多種語言，成為全球暢銷書，陪伴無數青少年成長。羅琳曾經一無所有，但她面對人生的困境，將挫折化為前進的動力，不斷的嘗試，才能在困境中開創新局，進而改變自己的人生。

沙漠中的仙人掌，為了對抗高溫又缺水的環境，發展出肥厚的莖存放水分，葉片也演化為針刺狀來降低水分蒸發。有些落葉樹種為適應低溫，往往會在秋冬時節落葉，減少樹葉消耗養分，將能量存起來，以待開春時節給予幼芽養分。沙灘上椰子樹掉落的椰子，常被潮水帶進海裡，漂流的過程可能長達數月，還好靠著厚厚的外皮保護，種子即使泡在海水也不會腐爛。只要被海浪沖上了沙灘，就可以生根發芽。自然界中的植物無法像動物一樣自由移動，如果遇到環境或氣候的改變，生存的衝擊就隨之而來。面對這些困境，植物卻能在地球存活超過三十億年，靠的就是接受環境給予的挫折，進而調適改變自己，讓自身能在酷熱、嚴寒和缺水的逆境中生存下來。

義大利科學家伽利略說：「生命如鍛造的鐵塊，愈被敲打，愈能發出火花。」既然人生充滿考驗，當挫折來臨時，可以接受挫折的敲擊鍛鍊，以正向的心態面對逆境，從中發現自己的不足，並尋求解決問題的方法。如此，才能化危機為轉機並調整自己，進而成長壯大，綻放生命的光彩。

第二步 教師導學（教導議論文文體特徵）

1. 小朋友，議論文與我們之前學過的記敘文、說明文並列三大基本文體。主要是作者針對人、事、物、景、理等寫作對象提出主張或觀點，進而舉論據證明觀點為真的過程。

2. 議論文有自己獨特的篇章組織方式，如：

⑴ 論據→論據→提出論點。

⑵ 提出論點→論據→論據→（論據）→重申論點。

⑶ 提出論點→論據→論據→方法→重申論點。

⑷ 論據→提出論點→論據→論據→重申論點。

我們可以運用上述的組織架構去比對課文，如果符合，該篇文章應該就是議論文。

第三步 教師導學（帶領學生以議論文架構比對文本與統整）

1. 小朋友，經過比對後，我們發現本課符合議論文的組織方式：

第一段是作者針對題目〈在挫折中成長〉提出論點：「人生的道路上，往往崎嶇不平，甚至困境重重，只有在每一次的挫折中，接受困境的磨練，以挫折考驗自己，進而磨練出堅強的意志，才能勇往直前。」

第二段作者以J.K.羅琳在挫折中成長、成功為論據。

第三段作者以植物在惡劣環境中成長而存活下來為論據。

第四段作者再度重申「當挫折來臨時，可以接受挫折的敲

擊鍛鍊，以正向的心態面對逆境，從中發現自己的不足，並尋求解決問題的方法。如此，才能化危機為轉機並調整自己，進而成長壯大，綻放生命的光彩。」

2. 其次，本文不是敘述作者自身經歷與感受的文本，也不是以介紹某人、某物、某事、某景、某理，傳遞知識給讀者的文本，因此不是記敘文，也不是說明文。故判定本文為議論文。

第四步 學生自學、組內共學、組間互學、教師導學

教師發下習作〈談奉獻〉文章讓學生自學、組內共學、組間互學，最後老師再作教師導學統整。

四 **故事**

以康軒三下第十二課〈還要跌幾次〉示例如下：

第一步 請學生朗讀或默讀文本

> ### 還要跌幾次
>
> 從前，在一個小小的村子，村子後頭有一座山，山上有段很陡的坡，村子裡的人把它叫做「三年坡」。這座山坡有個可怕的傳說，村民經過時不是心驚肉跳，就是驚慌失措，還編了歌謠相互提醒。
>
> 有一天，金老伯不小心在坡上跌跤了，想起村子裡流傳的歌謠：「三年坡上跌一跤，只活三年怎麼好？千萬別來跌了跤，只活三年真糟糕！」他回家後整天唉聲嘆氣，心情非常不好。

　　住在附近的小男孩聽了，自告奮勇地說：「我有辦法！」金老伯很難過，有氣無力的說：「沒用的，我在三年坡上跌跤，誰也救不了我。」

　　小男孩笑著說：「跌一跤只能活三年沒錯，但跌兩次不就可以活六年？假如有人跌三次或更多次呢？」

　　過了一會兒，金老伯才恍然大悟：「那不就是『跌得越多，活得越久』了嗎？」在家人的陪伴下，金老伯再度來到三年坡，他一邊笑，一邊故意跌跤，大家在一旁大聲的數著：「一、二、三……。」金老伯原本毫無生氣的模樣，也變得有精神多了。

　　從此以後，大家見過三年坡，終於可以安心的走路。萬一有人跌了跤，旁邊的人扶起他時，還會笑著問一聲：「你是想再跌五次，還是再跌十次呢？」

第二步 教師導學（教導故事特徵）

　　1. 小朋友，故事是作者寫某人或某物發生真實或虛構的事件內容。

　　2. 其次，故事有自己獨特的篇章組織方式：背景→引發事件→內在反應→嘗試解決→結果→回響。我們可以運用上述的組織架構去比對課文，如果符合，該篇文章應該就是故事。

第三步 教師導學（帶領學生以故事架構比對文本與統整）

　　1. 小朋友，經過比對後，我們發現本課符合故事的組織方式：

第一段是背景、第二段是引發事件、第三段是內在反應、第四段是嘗試解決、第五段是結果、第六段是回響。

2. 其次，本文是敘述某人（金老伯）發生的事件，屬於虛構事件，不是敘述作者自身經歷與感受的文本，因此本文是故事，而不是記敘文。

第四步 學生自學、組內共學、組間互學、教師導學

教師再發下第二篇文章讓學生作學習。

參 分段教學策略

段落由句子或句群（句組）構成。單句成段的稱為單句段，如梁實秋著名散文〈鳥〉的首段，即是由「我愛鳥。」一句話呈現的單句段。大多數的段落均由兩個以上的層次內容，或單句，或複句等句群組成，如「力興的爸媽在外地工作。他畫的是爺爺和奶奶在果園裡採收香蕉，他和妹妹都在一起幫忙。」

篇章由段落組成。自然存在在文章當中，具有移行縮格（空兩格）外部標誌的段落稱為自然段；每段只有一個意義主旨，或僅只陳述一個事件的段落稱為意義段；組織各段內容，使段落與段落間形成某種組合關係，此種關係中的段落即稱為結構段。

分段教學的任務主要是帶領學生，確認文本中的「自然段」是否為具備單一件事或主旨的「意義段」。有三種可能樣式：一、文本中各個自然段，即是意義段。二、文本中的自然

羊與貓 **的旅行** 看見國語課堂教學的新風景

段，包括了兩個以上的事件，需要拆解成獨立的意義段。三、文本中多個自然段陳述共同的一件事，則須整併成一個意義段。如下圖示：

　　分段教學時，可以請學生在自然段上標示1、2、3……，等確認自然段為相同事件或主旨的意義段後，再於意義段上標示一、二、三……。除了找共同事件與主旨外，也可以引導學生利用文本結構或文體結構，輔助分段，使用此種方法，需先教導學生認識常見的文本結構方式，及各種文體結構的特徵。說明如下：

一 文本（文章）結構

　　文章結構（text structure），又稱為基構、格局、布局、間架，指的是文章本身的內部組織構造（楊蔭瀏，1990）。國

語文課綱改稱文本結構。陳滿銘（2001、2005）則以「章法」稱之，指出章法是探討篇章內容的邏輯結構，也就是聯句成節（句群），聯節成段、聯段成篇的關於內容材料之一種組織。常見的文本結構式有時間式、事件式、因果式、方位式、並列式、總分式、條列式、問答式等類型。

結構式	說明	舉例
時間式	按照時間的先後轉換，安排各段內容：時間1→時間2→時間3。	一、春天的陽明山 二、夏天的陽明山 三、秋天的陽明山 四、冬天的陽明山
事件式	一件事： 以事件的來龍去脈，安排各段內容：開始→經過→結果。	一、夏令營開始 二、夏令營經過 三、夏令營結果
	多件事： 分別陳述不同事件：事件1→事件2→事件3。	一、下課時喜歡看雲 二、下課時喜歡看書 三、下課時喜歡玩遊戲 四、下課時喜歡觀察生態池
因果式	陳述事件的起因、發展歷程與結果安排各段內容：原因→經過→結果。	一、參加科展的原因 二、準備科展經過 三、參展的結果
方位式	按照地點的轉換，安排各段內容，主要有移步、定點兩種樣式，按由前至後、由下而上、由左至右、由近到遠、自由轉換地點等方式安排各段內容：地點1→地點2→地點3。	一、溪頭入口 二、溪頭大學池 三、溪頭步道 四、溪頭神木
並列式	將不同的主題，以並排方式呈現內容：主題1→主題2→主題3。	一、偶像的外表 二、偶像的個性 三、偶像的興趣 四、偶像的專長

結構式	說明	舉例
總分式	按照總說、分說方式安排段落內容，有總分總、總分分、分分總等三種樣式：總1→分2→分3→總4。	一、風和水是雕刻家 二、風雕刻野柳岩石 三、水雕刻秀姑巒溪石頭 四、風和水是雕刻家
條列式	以條目逐一呈現內容的組織方式。	一、……。 二、……。 三、……。
問答式	以提問、回答的方式安排內容。	Q：……？ A：……。

二 文體結構

　　寫作者為了達到既定的目的，採用不同形式的適當的語言形式、篇幅、組織結構等，因而產生了不同的、各具特徵的文學體裁（褚斌傑，1991），是以，不同的文體有不同的結構組織，亦即文體的屬性不同，會形成不同的文體結構方式，如：

　　（一）記敘文、抒情文的文體結構先敘述而後抒情，即敘述＋敘述＋敘述＋抒情。

　　（二）說明文的文體結構是針對事物與事理作出客觀的說明，即說明＋說明＋說明。

　　（三）議論文的文體結構先提出論點，再以論據佐證，最後重申論點。

　　（四）故事的文體結構依序為背景、引發事件、內在反應、嘗試解決、結果、回響。

三 教學示例

　　教學時，教師可以指導學生運用文本結構或文體結構的特徵輔助分段，以時間式、事件式、因果式、方位式、總分式等五種文章結構，及議論文文體結構示例如下：

　　（一）時間式

課文

新學年新希望（康軒二上第一課）

　　開學這一天，我看到同學，心裡好歡喜。坐在新位子，拿起新課本，聞著淡淡的書香，我真想快點上課！

　　上課時，老師問：「新的學年，有什麼新希望？」以前不太喜歡說話的子陽，馬上大聲說：「我要成為說故事高手！」同學聽了，都用力的為他拍手。

　　下課後，我看到以前只喜歡跑跑跳跳的樂樂，怎麼坐在位子上靜靜的看書呢？本來比我矮的小真，現在好像比我還高了。

　　新的學年是新的開始，我也有新的希望：我要看更多的好書，還要快快長高。

教學指導

一、引導學生在自然段空兩格的位置標上1、2、3、4。
二、引導學生搜尋段落內是否出現與時間、地點、事件、因果、總說分說有關的內容。
三、本文各段可以找到「時間」，依序為開學這一天→上課時→下課後。

四、因為時間不同，做的事也不相同，因此可以判定該課的自然段也是獨立的意義段。而最後一段是記敘文感受段，可以單獨成段。

五、最後請學生在阿拉伯數字前標示一、二、三、四，確認有四個意義段。

（二）事件式

1. 一件事

課文

> **水上木偶戲（康軒二上第五課）**
>
> 今年，我們陪媽媽回她的家鄉——越南，過了一個不一樣的暑假。
>
> 到了外公家，大家一一問好後，外公帶我們去看水上木偶戲。一陣音樂聲中，一個個木偶，慢慢的從水池上的簾子裡走出來，一個人後面跟著一頭牛，旁邊還有兩隻天鵝，在池子裡戲水。「沒想到木偶可以在水池中演出，真是太神奇了！」我一邊拍手，一邊叫好。
>
> 外公要我看看簾子後面。啊！原來是有人站在水中，手裡拿著長竿，長竿的前頭就是木偶。媽媽說：「越南很多地方都有池塘和水田，人們有空時，會演出水上木偶戲，大家一起同樂。」
>
> 這是我第一次到越南過暑假，還看了水上木偶戲。我跟家人一起享受了快樂的時光，也更認識媽媽的家鄉。

一、引導學生在自然段空兩格的位置標上1、2、3、4。

二、引導學生搜尋段落內是否出現與時間、地點、事件、因果、總說分說有關的內容。

三、本文各段可以找到「事件」，依序為事件開始，陪媽媽回越南→事件經過一，去看水上木偶戲→事件經過二，觀看簾後操偶→事件結果，認識媽媽故鄉。

四、因為一件事，在不同階段做不同的事，因此可以判定該課的自然段也是獨立的意義段。而最後一段中「享受了快樂的時光」屬於感受，可以單獨成段，也可以與結果段合併。

五、最後請學生在阿拉伯數字前標示一、二、三、四，確認有四個意義段。

2. 多件事

課文

下雨的時候／吳明輝（康軒三下第二課）

下雨的時候，我喜歡站在窗口，欣賞外面的雨景。遠方的山，好像披著一件輕紗。溼答答的馬路上，車子來來往往，車燈就像天上一閃一閃的星星。行人撐起了各式各樣的雨傘，路上開滿了一朵朵五顏六色的傘花。

下雨的時候，我喜歡在屋簷下玩水。雨下得小，水順著屋簷一滴一滴的落下，發出「滴、滴、答、答」的聲音，好像在說著長長的故事。雨變大了，水就像一條銀色的長線，從屋頂垂掛下來。我伸手去接，一股清涼的感覺從手心傳到全身，真是舒服。

下雨的時候，我喜歡撐著雨傘到外面走走。我看到綠綠的青草被雨洗得亮亮的，空氣中有一股清新的味道。山坡上有一大片的黃色小花，金黃的花朵好像一隻隻黃蝴蝶，風輕輕的吹著，那些「黃蝴蝶」拍動著翅膀，好像送來了淡淡的花香。

　　下雨的時候，我總是特別想念鄉下的表哥，那時我們常穿著雨衣和雨鞋探險。雨水把泥巴路變得軟軟的，每踩一步，鞋子就會陷進裡面。雨越下越大，屋前的水溝滿起來了，我們連忙摺出彩色的紙船，看著紙船順著水流，慢慢的往遠方流去，直到再也看不到……。

教學指導

一、引導學生在自然段空兩格的位置標上1、2、3、4。

二、引導學生搜尋段落內是否出現與時間、地點、事件、因果、總說分說有關的內容。

三、本文各段可以從各段主題句找到「事件」，依序為欣賞雨景→在屋簷下玩→撐傘到外面走走→想念和表哥在雨天探險。

四、因為事件不同，因此可以判定該課的自然段也是獨立的意義段。

五、最後請學生在阿拉伯數字前標示一、二、三、四，確認有四個意義段。

（三）因果式

小鎮的柿餅節（康軒二上第六課）

秋天來了，柿餅節的活動開始了，原本靜靜的新埔小鎮，變得熱鬧起來。

走進小鎮，一陣一陣的柿餅香飄了過來。我看到做柿餅的人家，屋前屋後都排了很多柿子，遠看一籃一籃的柿子，在陽光下一片金黃；近看一個一個紅紅的柿子，真是可愛。

爸爸說，每年九月到十二月，這裡的秋風和陽光，會把柿子慢慢風乾，變成又香又甜的柿餅。

每年柿餅節，有很多遊客會到新埔玩，除了吃一吃這裡的客家菜，也會買柿餅送給親朋好友，祝大家心想「事」成、「事事」如意！

教學指導

一、引導學生在自然段空兩格的位置標上1、2、3、4。

二、引導學生搜尋段落內是否出現與時間、地點、事件、因果、總說分說有關的內容。

三、本文首段可以找到小鎮熱鬧起來的「原因」，接下來是風乾柿子的「經過」，最後是柿餅節的結果。

四、課文依事件原因、事件經過一、經過二、事件結果安排內容，均可單獨成段，因此判定該課的自然段也是意義段。

五、最後請學生在阿拉伯數字前標示一、二、三、四，確認有四個意義段。

（四）方位式

安平古堡參觀記（節錄康軒三上第八課）

　　今天是學校的戶外教育日，我們參觀的地點是位於臺南的安平古堡。……。

　　我們先參觀博物館，裡面放著許多文物……。

　　博物館外有一排古炮，……。

　　附近還有一座瞭望臺，……。

　　接近中午的時候，我們來到旁邊的公園，裡頭有一面老城牆，……。

　　這次的參觀，我看到寶貴的文物，也認識了安平古堡的故事，收穫真的好多！

教學
指導

一、引導學生在自然段空兩格的位置標上1、2、3、4、5、6。
二、引導學生搜尋段落內是否出現與時間、地點、事件、因果、總說分說有關的內容。
三、本文各段可以找到「地點」，依序為到達安平古堡→博物館→古炮→瞭望臺→公園老城牆。
四、因為地點不同，做的事也會不同，因此可以判定該課的自然段也是獨立的意義段。而最後一段是記敘文感受段，可以單獨成段。
五、最後請學生在阿拉伯數字前標示一、二、三、四、五、六，確認有六個意義段。

（五）總分式

課文

建築界的長頸鹿（康軒四上第八課）

假如把建築物想像成動物，「居高臨下」的大樓就是建築界的「長頸鹿」。這些建築不但有重要的功能與特色，更成為一座城市的特有景觀。現在，我們來認識世界上幾座著名的「長頸鹿」。

位於臺北市的臺北一〇一大樓，外形有如一節一節的竹子，層層向上開展，代表經濟節節高升。大樓外層有巨大的古錢圖案，代表它是重要的「金融中心」。大樓裡面安裝了一座阻尼器，使它能避免地震與強風所造成的搖晃。每年的跨年煙火秀，臺北一〇一大樓陪著大家迎接新年，更讓全世界認識臺灣。

西元二〇一二年完工的東京晴空塔®，又名「東京天空樹」。塔的底部為三角形，往上漸漸轉變為圓形。塔身在白色裡加了一些青色，讓這融入藍天的「晴空塔白」，散發著耀眼的光芒。這座電波通訊塔，最初是為了改善城市收訊不良而興建。現在，從這裡發展出完整的都市開發計畫，為當地帶來了可觀的商機。

吉隆坡的雙峰塔是座雙生大樓，層層的八角形，在陽光下閃閃發亮。這座大型商場在四十一與四十二層樓之間，有一座長五十八公尺的「人字形」連通橋，目前是全世界最高的天橋。雙峰塔是吉隆坡最亮眼的建築，為這座城市帶來美麗而難忘的剪影。

羊與貓的旅行 看見國語課堂教學的新風景

具有多功能及特色的建築，不但受人注目，更點亮了一整座城市。這些建築界的「長頸鹿」散發光芒，希望讓更多來自四面八方的朋友，感受當地的文化與民情，留下美好難忘的印象。

教學指導

一、引導學生在自然段空兩格的位置標上1、2、3、4、5。

二、引導學生搜尋段落內是否出現與時間、地點、事件、因果、總說分說有關的內容。

三、本文各段可以找到「總─分─總」的線索，依序為總說：認識幾座著名長頸鹿→分說1：一○一大樓→分說2：東京晴空塔→分說3：吉隆坡雙峰塔→總說：這些建築界的「長頸鹿」散發光芒。

四、因為課文先以總說帶出「幾座著名的長頸鹿」、接著分說帶出三座建築，最後再總說「這些建築界的長頸鹿」，均屬單一主題。

五、最後請學生在阿拉伯數字前標示一、二、三、四、五，確認有五個意義段。

（六）議論文文體結構

課文

真相？真相！（康軒五下第七課）

對於流傳了千百年的觀念，或口耳相傳的說法，我們常常會不假思索，信以為真。然而，這些沒有經過科學驗證的內容，真的可信嗎？孟子曾說：「盡信書，則不如無書。」

這句話告訴我們：不應一味的盲從，要在不疑處有疑，不斷的查證檢視，才有可能接近事實的真相。

　　生活在大海中的鯨魚，有很長一段時間都被認為是魚類，因為牠的名字裡有「魚」，體型也像魚。研究生物分類的科學家們發現，在鯨的身上找不到魚類才有的「鰓」，牠是用肺來呼吸。牠也不像魚以卵生的方式繁殖，而是和哺乳動物一樣，母鯨須懷胎才能產下下一代。這些探索與驗證，讓我們推翻了不正確的認知，重新把鯨歸屬為哺乳類。

　　古人認為海水的漲潮和退潮，是神靈的力量所造成。可是有人細心觀察，發現漲潮、退潮和月亮的圓缺，竟然有意想不到的巧合。之後，經過不斷的觀測，才發現其中的奧祕，原來潮汐是海水受太陽、月亮引力作用，引發週期性的漲落現象。後來，人們更利用潮汐變化，從事捕撈魚類的活動，如澎湖有名的「雙心石滬」，就是利用潮汐的起落，建造出省時又省力的漁撈設施。

　　現在即便是小學生，都知道地球是圓的，但是這個觀念在以前提出時是受到懷疑的，早期有些人認為地球是平的，船隻如果航行到海洋的盡頭，就會掉下去。然而，陸續有人從觀察中產生不同的看法。於是，航海冒險家麥哲倫組織船隊啟程航行，繞了地球一圈又回到出發的地方，他用行動終於證明了「地球是圓的」這個說法，因而改變了人們「地球是平的」的觀念。

　　由上面例子可知，生活中許多似是而非、缺少實證的觀念，常常被當作知識而流傳下來。如果我們對這些內容

都確信不疑，可能就沒有辦法探尋到真相。「懷疑的精神」和「實證的態度」是兩把破除迷思的鑰匙，可以幫助我們追根究柢、探求真理，進而找出正確的答案，還原事實的真相。

教學指導

一、引導學生在自然段空兩格的位置標上1、2、3、4、5。

二、因本文在形式深究文體教學時，已確認為議論文。所以，分段時，可以運用議論文的文體結構：論點→論據→論據→論據→重申論點來協助分段。

三、本文各段可以找到論點：「要在不疑處有疑，不斷的查證檢視，才有可能接近事實的真相。」接著，連續出現三段論據。最後，再度寫出論點：「『懷疑的精神』和『實證的態度』是兩把破除迷思的鑰匙，可以幫助我們追根究柢、探求真理，進而找出正確的答案，還原事實的真相。」

四、最後請學生在阿拉伯數字前標示一、二、三、四、五，確認有五個意義段。

肆 段落大意教學策略

　　分段後，教師依據意義段內容指導學生摘錄出段落大意。由於段落是由多個句子組成，因此，教師可以先教導學生摘要句子策略，再以此摘錄段落中的各個語句，組合這些語句，並以第三人稱表達，即可完成任務。

摘要句子教學

Palincsar & Brown（1984）提出閱讀「交互教學法」（Reciprocal Teaching），運用摘要、提問、澄清、預測等四項閱讀策略，指導學生閱讀。在摘要策略中，提出五項原則：刪除瑣細部分、刪除多餘部分、描述高層概念、選擇標題句作為摘要的鷹架、當段落的陳述不明確時，主動創造可以顯現主題的句子（Palincsar & Brown,1984）。就刪除瑣細、多餘部分而言，應指去除句子結構主要成分的其他修飾詞語，如形容詞、單位量詞、副詞、時間詞、地點詞等，還包括描述事件的細節、修辭等。

教學時，教師可以先以「誰─做─什麼」、「誰─怎麼樣」、「誰─有─什麼」及「誰─是─什麼」教導學生認識句型結構，高年級再帶入敘事句、表態句、有無句、判斷句等句型名稱，以讓學生可以抓取句子的主要成分。其次，教導學生語句擴寫接龍，藉此讓學生發現新增的詞語成分；教導語句接寫，讓學生發現句中的細節、修辭、舉例等外加成分。因此，摘要句子，即是將句子中的外加詞語、細節、修辭、舉例等瑣細、多餘的部分刪除。

語句擴寫示例如下：

1. 教師提供主題句：我買了蘋果。

2. 請學生依序加入詞語，擴寫語句：我買了一顆蘋果→我買了一顆漂亮的蘋果→我買了一顆非常漂亮的蘋果→傍晚，我買了一顆非常漂亮的蘋果→傍晚，我到水果超市買了一顆非常漂亮的蘋果。

3. 教師引導學生發現加入的詞語：一顆（數詞、量詞）、漂亮的（形容詞）、非常（副詞）、傍晚（時間名詞）、到（動詞）、超市（地點名詞）。

4. 再逐一刪除上述加入的詞語，即可找到句子的重點：我買了蘋果。

語句接寫示例如下：

1. 老師提供主題句：我買了蘋果。

2. 請學生在語句後接寫描寫蘋果的細節或修辭：我買了蘋果，它的樣子很像妹妹紅潤的臉蛋。

3. 保留句子的主要成分「誰─做─什麼」，刪除修辭，即可找到句子的重點：我買了蘋果。

二 段落大意教學

引導學生運用句子摘要策略來提取段落中各個句子的主要成分，再串聯語句，便可提出段意。以康軒三上第五課〈小丑魚和海葵〉第一段示例：

1. 小朋友，請閱讀第二段內容。

> 在神祕的大海中，有一大片漂亮的海葵，有的像紅寶石，有的像綠寶石，有的像一朵花，有的像一棵樹，形成一個巨大的花園城堡。小丑魚開心自在的和朋友一起在這裡遊玩。

2. 請找到段的句末符號：句號、問號、驚嘆號，將段落分出層次。

> (1) 在神祕的大海中，有一大片漂亮的海葵，有的像紅寶石，
>   有的像綠寶石，有的像一朵花，有的像一棵樹，形成一個
>   巨大的花園城堡。
> (2) 小丑魚開心自在的和朋友一起在這裡遊玩。

　　3. 找出段落層次中語句的主要成分，刪除多餘的詞語、
細節。

> (1) ~~在神祕的大海中，~~有~~一~~大片漂亮的海葵，~~有的像紅寶石，
>   有的像綠寶石，有的像一朵花，有的像一棵樹，~~形成一個
>   ~~巨大的~~花園城堡。
> (2) 小丑魚~~開心自在的~~和朋友~~一起~~在這裡遊玩。

　　4. 最後，串聯保留的語句，為使內容通順，可以再增加或
刪除詞語，並以第三人稱表達段意。

> 大海中有海葵形成花園城堡。小丑魚和朋友在這裡遊玩。

　　當學生學會摘要策略後，之後的各課也僅需抽取一到兩
段，讓學生操作、練習即可，不用每段都教。該策略是以中文
句型結構為基礎，所以可以用在記敘文、說明文、故事等文本
內容。至於，議論文的論點段，建議學生以「作者主張……」
來提取段意，論據段以「誰—做什麼—結果—小結」等方式來
提取重點組成段意。示例如下：

段落	內容	段意
論點段	遇上困難，你會勇敢面對，還是選擇逃避？身處逆境，你會尋求突破，還是維持現狀？遇到失敗，你會奮戰再起，還是宣告放棄？人生的道路上，往往崎嶇不平，甚至困境重重，只有在每一次的挫折中，接受困境的磨練，以挫折考驗自己，進而磨練出堅強的意志，才能勇往直前。	作者主張人生的道路上，往往崎嶇不平，甚至困境重重，只有在每一次的挫折中，接受困境的磨練，以挫折考驗自己，進而磨練出堅強的意志，才能勇往直前。
論據段	名聞全球的奇幻小說女王J.K.羅琳，年輕時，窩居在英國愛丁堡沒有暖氣的住所裡，不僅沒有工作，還要面對壓力引發的心理疾病，處境艱辛。西元一九九五年，她用一臺老舊的打字機，完成《哈利波特 ── 神祕的魔法石》初稿，卻接連被四家出版社退稿。羅琳告訴自己：「不要害怕請求對方『再給我一次機會』，只要願意堅持，機會就會降臨。」正因為堅持不放棄，她的書終於得到出版社的認同，出版後也得到各地童書大獎。哈利波特系列作品甚至被翻譯成八十多種語言，成為全球暢銷書，陪伴無數青少年成長。羅琳曾經一無所有，但她面對人生的困境，將挫折化為前進的動力，不斷的嘗試，才能在困境中開創新局，進而改變自己的人生。	（誰）J.K.羅琳（做什麼）年輕時處境艱辛，完成《哈利波特 ── 神祕的魔法石》初稿卻接連被退稿，她堅持不放棄，（結果）終於出版成為全球暢銷書。（小結）羅琳面對人生的困境，將挫折化為前進的動力，不斷的嘗試，才能在困境中開創新局，進而改變自己的人生。

教法篇

　　掌握文章結構，有助於閱讀者理解文本內容。教師教學時，引導學生依據意義段內容提取綱要，再選擇適切的結構圖式，將各段綱要繪製成結構圖，以利學生掌握文章重點，有助於學生重述文本內容與複習重點。

　　常見的結構圖例有概括式、提綱式（心智圖）、表格式、圖示式等，以〈安平古堡參觀記〉示例如下：

一、概括式

二、提綱式（心智圖）

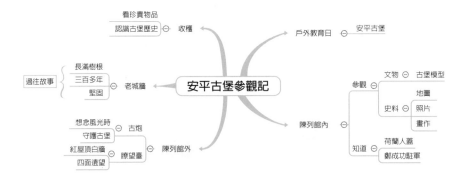

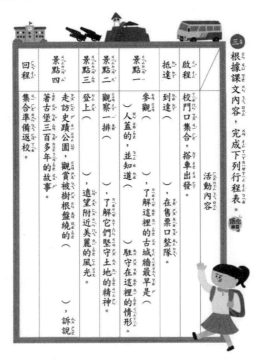

三之 根據課文內容，完成下列行程表。活化練習

	活動內容
啟程	校門口集合，搭車出發。
抵達	到達（　　），在售票口整隊。
景點一	參觀（　　），了解這裡的古城牆最早是（　　）人蓋的，並知道（　　）駐守在這裡的情形。
景點二	觀察一排（　　），了解它們堅守土地的精神。
景點三	登上（　　），遠望附近美麗的風光。
景點四	走訪史蹟公園，觀賞被樹根盤繞的（　　），訴說著古堡三百多年的故事。
回程	集合準備返校。

四、圖示式

公園　←　瞭望臺　←　古炮　←　博物館

第 15 章 語言特色教學

　　語言特色教學主要是針對課文的語法、修辭做教學。期盼學生能認識語法、修辭，進而能在閱讀及寫作中運用語法、修辭，讀懂文本內容並讓文本更具特色。

壹 課綱學習重點

 學習表現

第一學習階段	第二學習階段	第三學習階段
5-I-2 認識常用標點符號。 6-I-1 根據表達需要，使用常用標點符號。 6-I-3 寫出語意完整的句子、主題明確的段落。 6-I-5 修改文句的錯誤。	5-II-2 理解各種標點符號的用法。 5-II-4 掌握句子和段落的意義與主要概念。 6-II-1 根據表達需要，使用各種標點符號。 6-II-7 找出作品的錯誤，並加以修改。	5-III-2 理解各種標點符號的用法與表達效果。 6-III-1 據表達需要，使用適切的標點符號。 6-III-7 修改、潤飾作品內容。

★ 學習內容

第一學習階段	第二學習階段	第三學習階段
Ac-I-1 常用標點符號。 Ac-I-2 簡單的基本句型。 Ac-I-3 基本文句的語氣與意義。	Ab-II-7 國字組成詞彙的構詞規則。 Ab-II-8 詞類的分辨。 Ab-II-9 量詞的運用。 Ab-III-8 詞類的分辨。 Ac-II-1 各種標點符號的用法。 Ac-II-2 各種基本句型。 Ac-II-3 基礎複句的意義。 Ac-II-4 各類文句的語氣與意義。	Ab-III-8 詞類的分辨。 Ac-III-1 標點符號在文本中的作用。 Ac-III-2 基礎句型結構。 Ac-III-3 各種複句的意義。 Ac-III-4 各類文句表達的情感與意義。

國語文課綱在語法、修辭的學習重點，規範以下幾項內容：

一、認識、分辨詞類

二、掌握詞彙結構。

三、認識基本句型（語氣）。

四、認識複句。

五、認識句型結構。

六、認識及運用標點符號。

七、修改病句。

課綱學習重點雖未明列修辭指標，但在《語文領域國語文課程手冊》（教育部，2018b），針對寫作學習表現「6-Ⅲ-6 練習各種寫作技巧。」做出內涵說明：「6-Ⅲ-6熟習仿寫、接寫、改寫、擴寫、縮寫等寫作技巧，以及練習人稱視角轉換、改變結構順序、運用修辭手法寫作等。」又，在《國語文課綱》「附錄三」（二）教學實施說明：有關「寫作」部分（4），提及「能漸進引導學生蒐集材料、審題、立意，並依溝通情境與對象，恰當運用文法修辭，積極創作不同類型文章，以達成語文表達的目的。」且在「五、教學評量」規定：「學習評量應與教學緊密結合，由教學目標決定評量內容，並由評量結果導引教學。評量的目的在提供教師有效資訊，藉以調整課程設計與教學策略，以提升學生學習效能，增強學習動機。」因此，還是可以在課堂做修辭教學與評量。

貳 語法、修辭教學

常見教學方式有演繹法、歸納法兩種。演繹法：先教學概念定義，再舉例句，最後寫作運用；歸納法：先呈現例句，讓學生觀察特徵，再提出概念定義，最後寫作運用。教師可靈活運用上述兩種教學方式來指導學生學習語法語修辭。

以下僅列出詞類、詞彙結構、基本句型、關聯複句、特殊句、句型結構，及推薦修辭專書供參。

一 詞類

（一）實詞

類型	說明	細類	示例
名詞	表示人、地、事、物等名稱的詞。	1. 表人或具體事物	老師、山、筆
		2. 表抽象事物	精神、文明
		3. 表時間	早晨、星期一
		4. 表處所	臺北、圖書館
		5. 表方位	東、西
動詞	表示人、物的行為、動作或事件的發生之詞。	1. 表動作	跑、跳
		2. 表發展變化	變成、增加、減少
		3. 表心理活動	喜歡、想念、熱愛
		4. 表存現或消失	有、存在、喪失
		5. 表使令	使、請、叫
		6. 表可能或意願	能夠、會、應該
		7. 表趨向	來、去、上、下
		8. 表判斷	是
形容詞	形容事物的形態、性質的詞，常附加於名詞之上。	1. 表事物形狀	高、大、長、圓
		2. 表事物性質	酸、好、優秀
		3. 表事物狀態	快、慢、匆忙
數詞	表示數目的字詞。	1. 表基數	一、十、百、千
		2. 表序數	第一、初二、老大
		3. 表概數	三四十、成千
量詞	表示事物或動作的單位詞。表示事物單位的稱為「物量詞」。表示動作單位的稱為「動量詞」。	1. 表物量	尺、斤、價、量
		2. 表動量	次、趟、下、遭

類型	說明	細類	示例
代詞	替名詞、動詞、形容詞以及數詞、量詞、副詞等的詞。	1.人稱代詞	我、我們、大家
		2.疑問代詞	誰、什麼、多少
		3.指示代詞	那裡、這樣、那麼
副詞	區別或限制事物的動作、形態、性質的詞,常附加於動詞、形容詞或其他副詞之上。		都、只、正、剛、竟、一直、曾經、立刻、很

註:部分學者將副詞歸入實詞,也有學者放置於虛詞位置。

（二）虛詞

類型	說明	細類	示例
介詞	用於名詞、代詞或名詞性詞組之前,合起來表示方向、對象、時間、處所等的虛詞。		從、往、向、自從、對於、給、和、把、被
助詞	一種附著在詞、詞組或句子上,表達某種附加意義的虛詞。	1.結構助詞	的、得、所
		2.時態助詞	著、了
		3.語氣助詞	呢、嗎、吧
嘆詞	表示喜怒哀樂等感情或感嘆的詞,常獨立而附於語句前或後。		啊、哦、哼、嗯
擬聲詞	摹仿事物或動作聲音的詞。也稱為「摹聲詞」、「狀聲詞」、「象聲詞」。		啪、咚咚

詞彙結構

以合義詞（合成詞）五種結構說明：

類型	說明	例詞
並列式 （聯合式）	前後兩個語素地位平等。意義可以1.相同或相近、2.相反或相對、3.僅留其一語素意義。	1. 根源、匯集／美麗、艱難（同義複詞） 2. 上下、是非、勝負、公私 3. 忘記、動靜、乾淨、窗戶（偏義複詞）
偏正式	前一個語素修飾、限制後一個語素。前者偏，後者正。	1. 什麼樣的什麼（形容詞＋名詞）：白菜、黑板 2. 怎麼做（副詞＋動詞）：微笑、公審
動賓式 （述賓式）	前一個語素表示動作行為，後一個語素表示行為支配、設計的對象。	1. 做什麼（動詞＋名詞）：吃飯、賞鳥、招手、做家事
動補式 （補充式）	前一個語素表示動作行為，後一個語素表示動作行為的結果或趨向	1. 做得怎麼樣：提高、飛過、聽見、伸出、受不了
主謂式 （陳述式）	前一個語素表示動作行為的主體，後一個語素表示某種行為的變化。	1. 什麼怎麼了（名詞＋動詞或形容詞）：地震、性急、腦震盪、頭痛

參考資料：周小兵（2008）。

三 基本句型

從句子的功能來看，句子具有表達語氣、傳達情緒的功能。主要有陳述句、疑問句、感嘆句、祈使句等四種基本句型。

類型	說明	例句
陳述句	述說某件事情或現象的句子，語氣（語調）平緩，以句號收尾。	1. 我去打掃。（肯定句） 2. 我不去打掃。（否定句） 3. 我不得不去打掃。（雙重否定句）
疑問句	提出問題的句子，語氣（語調）一般升高，以問號收尾。	1. 這是什麼昆蟲？（特指問） 2. 你們有決心嗎？（是非問） 3. 你去臺北，還是去基隆？（選擇問） 4. 不知閣下以為如何？（反詰問）
感嘆句	抒發某種強烈情感的句子，語氣（語調）先上升後下降，句末通常使用語氣助詞「啊」或其變體「呀」、「哇」，句末多使用驚嘆號收尾。	1. 今晚的夜色真美！ 2. 你們的表現太好了！
祈使句	用來表示命令或祈求的句子，語氣（語調）由高而降，句末常用語氣助詞「吧」、「了」、「啊」，語氣強烈時用驚嘆號收尾，語氣平緩時用句號收尾。	1. 全班請安靜！（命令） 2. 班長請過來一下。（請求） 3. 不許你再跨進我的大門。（禁止） 4. 你不要哭，回去陪你的孩子吧。（勸阻）

參考資料：唐朝闊、王群生（2000）。程祥徽、田小琳（2015）。

四 關聯複句

複句是由兩個或兩個以上單句組成的句子。複句若可以用關聯詞來聯結單句間的關係，則稱為關聯複句。常見的關聯複句有以下九種：

羊與貓 的旅行 看見國語課堂教學的新風景

類型	說明	關聯詞	例句
並列複句	表示平列、對照、解注等關係的複句。	……，也…… 既……也…… 又……又…… 也……也…… 一邊……一邊…… 一面……一面…… 一方面……另一方面	1. 博物館裡有許多文物：有安平的史料，有古城的模型，還有地圖、照片和畫作。 2. 富和尚覺得到南海路途遙遠，既要租船又要準備大量物品，得要長時間規劃才行。
承接複句	表示動作行為或事物之間有先後相繼關係的複句。	……，接著…… ……，然後…… ……，於是…… 一……，就…… 先……，然後……	1. 當他來到臺灣的那一刻，就下定決心要在這座美麗的島上奉獻一生。 2. 黃色大魚一靠近小丑魚，就露出不懷好意的笑容。
選擇複句	分句分別說明兩件以上的事情或情況，指從中選擇一項的複句。	是……，還是…… 或者……，或者…… 不是……，就是…… 要麼……，要麼…… 與其……，不如…… 寧可……，也不……	1. 你是想再跌五次，還是再跌十次呢？ 2. 與其在這裡擔心，不如到現場去看一看？
遞進複句	表示事物之間在範圍、數量、程度、時間有更進一層關係的複句。	不但……，也…… 不但……，還…… 不但……，而且…… 不僅……，而且……	1. 山椒魚皮膚上的黏液，不但可使皮膚保持溼潤，還能幫助呼吸。 2. 走在古色古香的老街上，我不但能遙想當年的繁華景象，也能感受到濃濃的人情芬芳。
轉折複句	指分句間具有轉折關係的複句。	雖然……，但是…… ……，然而……	1. 沒想到平常吃的義大利麵條，竟然有各式各樣的造型。 2. 雖然他張大了眼睛看著黑板，可是怎麼也找不到答案。

教法篇

類型	說明	關聯詞	例句
因果複句	指分句間具有原因和結果關係的複句。	因為……，所以…… ……，因此…… 由於……以致……	1. 人們對於稻米有著濃濃的情感，因為這一粒粒白亮香甜的米飯，讓一家人得以溫飽。 2. 由於我的船在海上迷失了方向，所以停在一個從來沒有到過的地方。
假設複句	指分句間具有以假設為根據推斷某種結果關係的複句。	如果……，就…… 要是……，就……	1. 假如把建築物想像成動物，「居高臨下」的大樓就是建築界的「長頸鹿」。 2. 我住在又深又廣的東海，就算八年有七年鬧旱災，水量也不會變少。
條件複句	指一種以條件為根據推斷出某種結果的複句。	只有……，才…… 只要……，就…… 無論……，都……	1. 您這麼強大，只有世界上最強壯的動物，才可以成為您的晚餐。 2. 只要多多用心觀察，就能找到解決問題的靈感。
目的複句	前一分句道出為了一個什麼目的，後一個分句說出要達到這個目的就要去做什麼的複句。	為了…… ……，為了…… ……，免得…… ……，以免……	1. 巨人築起了一道高高的牆，把花園圍起來，免得孩子們跑進來。 2. 我得走快點，以免夫人等太久。

參考資料：唐朝闊、王群生（2000）。程祥徽、田小琳（2015）。康軒（2024）。

五　特殊句

特殊句是指句子結構特殊，常見的特殊句有把字句、被字句、連動句等。示例如下：

（一）把字句：狂風把小草吹得東倒西歪。

（二）被字句：小草被狂風吹得東倒西歪。

（三）連動句：句子出現兩個以上的連動項，每個連動項都可以連著主詞單說。如：爸爸穿好工作服下田除草。（爸爸穿好工作服＋爸爸下田＋爸爸除草）。

六　句型結構

句型結構主要有四：分別是敘事句、表態句、有無句、判斷句。

（一）敘事句：敘說一件完整事件的句子，也稱為「敘述句」。其結構為：誰＋做＋什麼。如：我騎腳踏車。

（二）表態句：描述事物性質或表現事物狀態的句子，也稱為「描寫句」、「形容句」。其結構為：誰＋怎麼樣，如：天空很藍。

（三）有無句：凡表明事物有無的句子，稱為「有無句」。限用動詞「有」及「沒有」。其結構為：誰＋有／沒有＋什麼，如：我有一盒彩色筆。

（四）判斷句：句子的謂語在於說明或判斷主語所指稱的事物，中間可以用繫詞「是」等連接，即稱為「判斷句」。其結構為：誰＋是／不是＋什麼，如：孔子是至聖先師。

七 標點符號

教育部於民國97年公告《重訂標點符號手冊》修訂版。修訂版之標點符號計有：句號、逗號、頓號、分號、冒號、引號、夾注號、問號、驚嘆號、破折號、刪節號、書名號、專名號、間隔號、連接號等十五種。新增「連接號」，並將「音界號」改稱為「間隔號」。

教學時，主要是引導認識標點符號的名稱、使用時機、形體與書寫格式，進而在閱讀、寫作中發揮標點的功能，達到閱讀理解與寫作表達。相關資料可以指導學生上線查詢：

《重訂標點符號手冊》，請掃描

八 修辭

掌握修辭有助於學生在閱讀時欣賞文章的語言美感，在寫作時增進文章的文采特色。依據教育部《國民中小學課程綱要語文學習領域（國語文）修辭教學示例報告》建議國小學習疊字、譬喻、擬人、摹寫、引用、排比等六種修辭，國中學習譬喻、轉化、類疊、引用、排比、摹寫、雙關、設問、誇飾、對偶、映襯、借代、層遞、倒反等十四種修辭。惟教師仍可依學習需要編選適切的修辭引導學生認識與應用。

教學時，可以指導學生掌握修辭的定義、類別、例子，進而賞析文本有無運用修辭的差別，並運用修辭閱讀、寫作。相

關資料可以參考魏聰祺（2015）《修辭學》（五南）、陳麗雲（2022）《麗雲老師的修辭遊戲課1：聯想搖滾樂》（五南）等專書。

　　評量的目的是為了評估、回饋與引導課程與教學的運作。無論是學校的期中、期末考，或是縣市學力檢測，又或是國中會考、高中（職）學測（統測）、國際學生能力評量的PIRLS、PISA等，皆是透過評量來掌握不同階段學生的學習表現，進而作為制定教育目標、調整與改善課程與教學的依據。

　　《十二年國民基本教育課程發展指引》（教育部，2014）定義「核心素養是指一個人為適應現在生活及未來挑戰，所應具備的知、技能與態度情意。是以，就語文素養而言，即在培養學生運用語文知識、語文技能及語文態度情意，以適應現在與未來的各項挑戰。基於此，國語文透過「學習內容」，掌握文字篇章、文本表述及文化內涵等三大項語文知識；透過「學習表現」培養學生聆聽、口語表達、識字與寫字、閱讀及寫作等語文技能；透過各類文本，涵養學生學習語文的態度、興趣與習慣，並陶冶高雅的情操、培養健全的人格。

　　語文知識與語文技能得以透過傳統的紙筆測驗或多元評量的實作評量等方式，檢核學生的學習狀況，語文態度亦可透過多元評量的觀察評量、軼事記錄、檔案評量等考核學生的情意反應。本文針對語文知識及語文技能中的閱讀理解技能提出評量建議。

依據課綱學習重點，建置評量架構

課綱將學習重點分成學習內容及學習表現兩項。學習內容對應語文知識，回答「是什麼」的問題，如記敘文是什麼，因果句是什麼，譬喻修辭是什麼；學習表現對應語文技能，回答「如何做」的問題，以閱讀理解為例，即在處理如何理解詞語、理解句子、理解段落、理解篇章的策略，進而讀懂文本內容。語文素養三面向與評量之關聯如下表所示：

語文素養		評量方式
語文知識 （學習內容）	A文字篇章（字、詞、語法、修辭、文本結構） B文本表述（文體） C文化內涵	紙筆評量： 是非、選擇、填空、簡答等題型
語文技能 （學習表現）	聆聽技能：1.聆聽筆記2.聆聽測驗等 口語表達技能：1.口述文本2.情境表達等 識字與寫字技能 閱讀理解技能：1.理解字詞2.理解句子3.理解段落4.理解篇章等 寫作技能：1.造句／照樣造句2.段落寫作3.篇章寫作等	
語文情意	學習態度、興趣、習慣	多元評量： 觀察、軼事記錄、檔案評量等

為掌握語文素養教學成效，進一步以國小三個學習階段之學習內容與「閱讀」學習表現，就語文知識、語文技能（閱讀理解）兩項規劃低、中、高三個年段評量架構表如下：

評量指標			評量點	低	中	高
語文知識	形音知識	字形	字形	◎	◎	◎
			區辨形近字	◎	◎	◎
			區辨同音字	◎	◎	◎
			部首	◎		
		字音	字音	◎	◎	◎
			區辨形近字音	◎	◎	◎
			區辨多音字音	◎	◎	◎
			部件	◎		
	字詞知識	字詞義	掌握字詞涵義	◎	◎	◎
			近義詞／反義詞	◎	◎	
	語法知識	詞類	掌握詞類		◎	◎
		詞彙結構	掌握詞彙結構		◎	◎
		句型	掌握基本句型：陳述／疑問／感嘆／祈使句	◎	◎	
			掌握特殊句型：把／被字句		◎	◎
			掌握關聯句型：並列／因果／承接／假設／選擇等9種複句		◎	◎
		句型結構	掌握句型結構：敘事／表態／有無／判斷句			◎
		病句	辨析贅字冗詞、錯用虛詞與關聯詞、邏輯等病句	◎	◎	◎
		標點符號	運用15種標點符號	◎	◎	◎
	修辭知識	修辭	掌握修辭（擬人／譬喻／設問／誇飾／摹寫等修辭）		◎	◎
	章法知識	段落	自然段	◎		
			意義段		◎	◎
		文章結構	掌握文章結構：時間／事件／因果／並列／總分／方位結構，或掌握順敘法／倒敘法		◎	◎

評量指標			評量點	低	中	高
語文知識	文體知識	文體	掌握文體特徵：童詩／兒歌／記敘文／故事／應用文／說明文／抒情文	◎	◎	◎
		表述方式	掌握表述方式：敘述／描寫／抒情／說明／議論		◎	◎
閱讀理解	字詞理解	理解字義	掌握字本義	◎	◎	◎
			掌握字衍生義（引申／比喻義）		◎	◎
			掌握部首義	◎	◎	◎
		理解詞義	掌握詞義（含成語義）	◎	◎	◎
			推論指代詞	◎	◎	◎
	句子理解	理解句義	掌握句義	◎	◎	◎
			推論句義		◎	◎
			摘要長句	◎	◎	
	段落理解	理解段落	掌握段落訊息	◎	◎	◎
			掌握段落推論		◎	◎
			掌握段落主旨		◎	◎
	篇章理解	直接理解	掌握文本訊息	◎	◎	◎
		推論理解	推論句子／事件因果	◎	◎	◎
			推論指代詞	◎	◎	◎
			推論角色關係		◎	◎
			推論人物特質／情緒		◎	◎
			推論狀態			◎
			推論作者意圖			◎
		詮釋整合	掌握文本主旨	◎	◎	◎

教法篇

不同年段教師可以依據上述架構決定語文知識及語文技能之評量比例與題數，如低年級語文知識70%-80%、閱讀理解及其他語文技能20%-30%，中年級語文知識50%-60%、閱讀理解及其他技能40%-50%，高年級語文知識30%-40%、閱讀理解及其他技能60%-70%。另外，篇章閱讀的檢測文本，建議配合學習表現「讀懂與學習階段相符的文本。」在低年級階段，選取記敘文、抒情文、故事、應用文、詩歌作為測驗文本，中年級增加事物說明文、劇本，高年級增加事理說明文、議論文，以檢測學生在不同文本的閱讀能力。

　　縣市學生學習能力檢測各年度各年級之試題連結如後，教學習可以自行下載運用。

縣市學力測驗，請掃描

羊與貓 的旅行　看見國語課堂教學的新風景

附錄 教案示例

臺中市○○區○○國民小學十二年國教

語文領域──國語單元教學活動設計

領域／科目	語文領域／國語	設計者	AEL110119周晉琦
實施年級	四年級（上）	總節數	共八節，320分鐘
單元名稱	第七課美味的一堂課	指導教師	楊裕貿 老師

設計依據				
學習重點	學習表現	1-II-1 聆聽時能讓對方充分表達意見。 1-II-4 根據話語情境，分辨內容是否切題，理解主要內容和情感，並與對方互動。 2-II-1 用清晰語音、適當語速和音量說話。 2-II-2 運用適當詞語、正確語法表達想法。 3-II-1 運用注音符號，理解生字新詞，提升閱讀效能。 4-II-1 認識常用國字至少1,800字，使用1,200字。 4-II-2 利用共同部件，擴充識字量。 4-II-3 會利用書面或數位方式查字辭典，並能利用字辭典，分辨字詞義。	核心素養	國-E-A3 運用國語文充實生活經驗，學習有步驟的規劃活動和解決問題，並探索多元知能，培養創新精神，以增進生活適應力。 國-E-B1 理解與運用國語文在日常生活中學習體察他人的感受，並給予適當的回應，以達成溝通及互動的目標。 國-E-C3 閱讀各類文本，培養理解與關心本土及國際事務的基本素養，以認同自我文化，並能包容、尊重與欣賞多元文化。

學習 重點	學習 表現	4-II-4 能分辨形近、音近字詞，並正確使用。 4-II-5 利用字意推論詞意。 4-II-6 掌握偏旁變化和間架結構要領書寫正確及工整的硬筆字。 4-II-7 習寫以硬筆字為主，毛筆為輔，掌握楷書筆畫的書寫方法。 5-II-1 以適切的速率朗讀文本，表現抑揚頓挫與情感。 5-II-2 理解各種標點符號的用法。 ◎5-II-3 讀懂與學習階段相符的文本。 5-II-4 掌握句子和段落的意義與主要概念。 5-II-5 認識記敘、抒情、說明及應用文本的特徵。 5-II-6 運用適合學習階段的摘要策略，擷取大意。 5-II-7 就文本的觀點，找出支持的理由。 5-II-8 運用預測、推論、提問等策略，增進對文本的理解。 6-II-1 根據表達需要，使用各種標點符號。		

學習 重點	學習 表現	6-II-2 培養感受力、想像力等寫作基本能力。		
	學習 內容	Ab-II-1 1,800 個常用字的字形、字音和字義。 Ab-II-2 1,200 個常用字的使用。 ◎Ab-II-3 常用字部首及部件的表音及表義功能。 ◎Ab-II-4 多音字及多義字。 Ab-II-5 3,000 個常用語詞的認念。 Ab-II-6 2,000 個常用語詞的使用。 Ab-II-7 國字組成詞彙的構詞規則。 Ab-II-8 詞類的分辨。 Ab-II-10 字辭典的運用。 Ab-II-11 筆墨紙硯的使用方法。 Ab-II-12 楷書基本筆畫運筆方法。 Ac-II-1 各種標點符號的用法。 Ac-II-2 各種基本句型。 Ac-II-3 基礎複句的意義。 Ac-II-4 各類文句的語氣與意義。		

學習重點	學習內容	Ad-II-1 意義段。 Ad-II-2 篇章的大意、主旨與簡單結構。 Ba-II-1 記敘文本的結構。 ◎Ba-II-2 順敘與倒敘法。 Ca-II-1 各類文本中的飲食、服飾、交通工具、名勝古蹟及休閒娛樂等文化內涵。		
議題融入	學習主題	多元文化教育：跨文化的能力		
	實質內涵	多E6了解各文化間的多樣性與差異性。		
與其他領域／科目的連結		社會領域		
教材來源		康軒111版《國語課本》四上、《國語習作》四上、《國語教師手冊》四上		
教學設備／資源		電子白板、黑板、學習單、評量卷 影片：交通部觀光署《臺灣觀光六大主題「讚！臺灣」美食篇（3分鐘版）》 影片請掃描：		

教學目標	
單元目標	行為目標
一、能概覽課文，摘取大意（技能）	一-1 能在三分鐘內默讀完課文。 一-2 能一句提問，說出課文大意。

單元目標	行為目標
二、能認識本課新詞、生字（知識、技能）	二-1 能念出本課新詞和生字的字音。 二-2 能說出本課新詞和生字的涵義。 二-3 能寫出本課新詞和生字的形體。 二-4 能辨別及寫出形近字、音近字。 二-5 能辨別及讀出多音字。
三、能美讀課文（知識、技能、情意）	三-1 能用適切速度朗讀課文。 三-2 能讀出文章的抑揚頓挫及情感。
四、能深究課文內容（認知、技能、情意）	四-1 能思考並回答問題。 四-2 能歸納說出課文主旨。
五、能深究課文的形式特色（認知、技能、情意）	五-1 能說出課文的文體。 五-2 能歸納、說出意義段大意。 五-3 能將自然段確認分出意義段（結構段）。 五-4 能畫出或說出結構圖的重點。 五-5 能說出本課修辭的特色。 五-6 能說出本課句型、短語、詞類、標點等的語法重點。
六、能專注聆聽及表達經歷與想法（認知、技能、情意）	六-1 能說出聆聽的內容重點。 六-2 能用完整語句表達美食經歷。 六-3 能說出美食的感受與想法。
七、運用課文內容或形式特色練習寫作（技能）	七-1 能寫出記敘文。 七-2 能運用本課句型、修辭寫作。

單元目標	行為目標
八、能書寫書法字體（毛筆字）（認知、技能）	八-1 能說出書法字體的結構特色。 八-2 能說出書法字體的部件特色。 八-3 能寫出正確、美觀的毛筆字。
九、能利用感官描寫食物（情意、技能）	九-1 能說出感官摹寫的形容詞。 九-2 能用完整語句描述一項食物。

教學活動設計		
教學活動內容及實施方式	時間	備註
壹、準備活動 　一、教師部分 　（一）準備本課字、詞、句教學資源與理解策略。 　（二）蒐集各地美食相關資料或圖片。 　（三）布置美食圖片、課文結構表、課文文章。 　（四）設計學習單。 　二、學生部分 　（一）預習課文、完成學習單。 　（二）查閱課文新詞、生字。 　（三）上網瀏覽各地美食資料。		 能預習課文，完成預習單（實作評量） 能查閱新詞與生字（實作評量） 能上網閱覽資料（觀察評量）

教學活動設計		
教學活動內容及實施方式	時間	備註
貳、發展活動 一、引起動機 （一）教師播放臺灣美食影片。 （二）回答教師提問： 　　　1.影片中出現的美食中，你最喜歡哪一個？ 　　　2.你認為臺灣美食有什麼特色？ （三）教師統整及歸納。	5	能仔細觀看影片（觀察評量） 能夠發言表達自己的意見（觀察和口頭評量）
二、概覽課文 （一）全班聆聽電子教科書播放之課文朗讀音檔。 （二）回答教師提問： 　　　1.課文中老師請誰來分享？ 　　　2.說一說作者接觸了哪些美食？ （三）配合電子書共同或分組朗讀課文。	15	能專心聆聽、朗讀課文（觀察評量）
三、試說大意 （一）提出問題，引導學生回答問題並歸納出課文大意： 　　　1.老師請誰來班上分享旅行時的見聞？（老師請巧文姐姐到班上分享旅行時的見聞。） 　　　2.她介紹了哪些異國特色美食？（她介紹了印度甩餅的製作過程與口感、義大利麵條的造型與口味。） 　　　3.最後帶領大家做了什麼美食？（最後還帶領大家親手製作日本壽司。）	20	能回答教師提問、說出答案並統整出大意（口頭評量）

教學活動內容及實施方式	時間	備註
4.作者有什麼樣的感想？（作者覺得享受了「美味的一堂課」。） （二）歸納全課大意 　　引導學生，將回答的答案串聯成通順的大意短文：老師請巧文姐姐到班上分享旅行時的見聞，她介紹了印度甩餅的製作過程與口感、義大利麵條的造型與口味，最後還帶領大家親手製作日本壽司，作者覺得享受了「美味的一堂課」。 　　　　（第一節結束）		
四、提出並講解新詞、生字 　（一）教師依序講解段落語句中的新詞及生字形音義。 　（二）板書或張貼詞語及生字卡，運用示意法講解新詞意涵及生字的形、音、義（先正音、後釋義、再辨形）。	35	能正確認讀語詞及掌握生字的形、音、義（口頭、實作評量）

詞語	詞意	示意	策略	生字	部首／總筆數	字義
薄片	細薄的東西。	舉例		薄	艸／17	扁平物體表面與底面之間距離小的。例：薄紙。
烙餅	將餅皮放在燒肉的鍋上烤熟。	圖片		烙	火／10	將食物放在燒熱的鍋上烤熟。
沾醬	以醬料把食物沾溼。	舉例		沾	水／8	浸溼。例：沾溼。

<table>
<tr><td colspan="7" align="center">教學活動設計</td><td></td><td></td></tr>
</table>

教學活動內容及實施方式							時間	備註

詞語	詞意	示意	策略	生字	部首/總筆數	字義		
咖哩	用胡椒、薑黃、番椒、茴香、陳皮等粉末製成的調味品。色黃、味香而辛辣，以印度所產的咖哩最著名。	圖片		咖	口／8	譯音用字。		
				哩	口／10	譯音用字。		
印度	國名。位於亞洲南部，介於孟加拉灣與阿拉伯海之間，為世界文明古國之一。首都為新德里。	圖片		印	卩／6	印度的簡稱。例：中印條約。		
甩餅	印度有名的一種料理。作法是將麵團壓平，然後旋轉著向上拋，藉由離心力的作用，將麵團均勻甩開，經過多次上拋，麵團變成大而薄的圓餅，再將圓餅放在鍋上烙。	圖片		甩	用／5	投擲、丟擲。		
食材	食物的原始材料。	舉例	拆詞	材	木／7	原料、可供製造的物料。例：藥材、器材。		
醬料	用來沾拌或調味的佐料。	舉例		醬	酉／18	豆、麵等發酵後，加鹽製成的調味品。例：酢醬、甜麵醬、豆瓣醬。		

251

教學活動設計

教學活動內容及實施方式						時間	備註

詞語	詞意	示意	策略	生字	部首/總筆數	字義
義大利	國名。位於南歐義大利半島。面積三十萬一千二百七十七平方公里。人口約五千七百七十萬。首都為羅馬。	圖片		義	羊／13	譯音用字。
麵條	麵粉製成的條狀食品。	圖片		麵	麥／20	由麥子研磨成粉或再加工而成的食品。
濃郁	香氣濃烈。	舉例	拆詞	郁	邑／9	濃烈、豐盛的樣子。例：醇郁。
壽司	一種日本料理。在剛蒸熟的飯中，放入醋、糖、鹽等調味料，攪拌均勻，使飯冷卻。然後在細竹簾上先鋪一層海苔皮或豆皮，鋪上一層飯後，再鋪上生魚片、漬菜、炒蛋等食品，最後再壓緊成筒狀，切成小塊食用。	圖片		壽	士／14	譯音用字。
醋飯	在剛蒸熟的飯中，放入醋、糖、鹽等調味料，攪拌均勻，使飯冷卻。	圖片	拆詞	醋	酉／15	用米、麥、高粱等發酵釀成，用來調味的酸味液體。例：黑醋。
				飯	食／12	煮熟穀類的食物。例：白米飯。

	時間	備註
（三）寫習作 　講解習作第一題作答方式：寫國字或注音。 （第二節結束）	5	能夠了解作答方式（實作評量）

羊與貓 的旅行　看見國語課堂教學的新風景

教學活動設計		
教學活動內容及實施方式	時間	備註
五、美讀課文 （一）請學生試讀第三自然段前半課文。 （二）教師範讀該段語句之抑揚頓挫與情感。 　　第三段前半：接著，巧文姐姐分享在義大利旅遊的見聞。她興奮的說：「啊！沒想到平常吃的義大利麵條，竟然有各式各樣的造型，有的像蝴蝶，有的像車輪，有的像貓耳朵……令人大開眼界。」 　　提醒學生以輕快、愉悅的情感朗讀，並注意語句的重點詞，如興奮、大開眼界，以及其中有嘆詞與標點符號的出現，音調可以上揚。 （三）全班分組或個別美讀第三自然段前半課文。	10	能正確念讀課文（口頭評量）
六、內容深究 （一）教師揭示討論問題 　　1.「美味的一堂課」是誰來分享？為什麼會有這堂課？（提取訊息） 　　2.為什麼主角會用「特技表演」來形容印度甩餅的製作過程？（推論訊息） 　　3.本文主要介紹義大利麵的哪些特色？（提取訊息）	30	能夠正確的回答問題及發表自己的經驗與感受（口頭評量）

教學活動設計		
教學活動內容及實施方式	時間	備註
4.為什麼巧文姐姐看到主角與同學們的表情，會雀躍的說：「有的人喜歡用文字來認識未知的國度，有的人喜歡以照片來記下美好的旅程，而我最喜歡透過味覺來探索多元的文化！」這句話？（推論訊息） 5.從主角在美味的一堂課敘述中，你覺得他有什麼收穫？（詮釋整合） 6.根據本文，你覺得巧文姐姐是怎樣的人？（詮釋整合） 7.你覺得標題為「美味的一堂課」適當嗎？請說說你的想法？為什麼？（比較評估） （二）提取訊息、推論訊息題目採用問答方式教學。詮釋整合、比較評估題目採用小組討論、派代表發表，最後由老師統整歸納。 （三）歸納本課主旨 　　引導學生了解各國美食的不同之處，進而能尊重並欣賞各國之間的不同之處。 （第三節結束）		能夠參與小組討論（觀察評量） 能說出本課主旨（口頭評量）

教學活動設計		
教學活動內容及實施方式	時間	備註
七、形式探究 （一）文體教學 　　1. 本課是記敘文。先指導學生 　　了解記敘文的特徵：記錄作 　　者真實經歷的事，繼而帶出 　　思想感情的文章，且真實敘 　　述的內容需多於感受的內 　　容。 　　2. 請學生檢視課文，引導學生 　　發現第一段到第四段均為作 　　者真實經歷的事，最後一段 　　帶出作者上完這堂課的感 　　受，且真實敘述的內容多於 　　感受的內容，因此判定本課 　　為記敘文。	8	能正確判定文體 （口頭評量）
（二）分段教學 　　1. 請學生先於空兩格的位置以 　　阿拉伯數字1～6標示出自然 　　段序號。 　　2. 教導分段的原則：(1)單一的思 　　想內容（每段寫一件事或一個 　　主旨），(2)相當的分量（各段 　　長短配置，以首、尾段分量 　　短，主體段分量長為佳），(3) 　　段落順序安排合理。 　　3. 教導分段策略，引導學生利 　　用文章結構的特徵，找各 　　段是否出現時間、地點、總 　　分、因果、並列等詞語或關 　　係作為分段的依據。	10	能運用分段策略 正確分段（實作 評量）

教學活動設計

教學活動內容及實施方式	時間	備註
4.本課可以從因果關係，確定 1、2、3、4、6段自然段也是結構段（意義段），第5段是巧文姐姐的想法，對於文章結構沒有影響，可進行刪減。段落確定後，請學生再以國字一、二、三標示本課的結構段，共有五段。 5.最後檢視分量長短，第三結構段，內容稍長；第四結構段，內容稍短，可再進行內容增減，平衡全文。 （三）段落大意教學 1.段落大意即摘要，即將內容縮減，但需維持原意。 2.指導摘取段落大意的策略：(1)打括號，區分層次，確保每個層次都留下重點。(2)引導學生以「誰、做、什麼」、「什麼、怎麼樣」的方式，圈選出層次內句子的核心詞。(3)若有情感句，直接保留。(4)串聯核心詞、情感句、連接詞等，使語句順暢。	12	能運用摘要策略提取段落大意（實作評量）

教學活動設計		
教學活動內容及實施方式	時間	備註
3.以第二段為例：「（首先，巧文姐姐放了一段有趣的「特技表演」影片。）（只見影片中的人先將餅皮一邊在桌面拍打，一邊向空中拋，小小的餅皮漸漸變得又大又薄。）（然後，他將餅皮烙一下再沾些咖哩，請大家享用。）（「這就是有名的『印度甩餅』。Q軟的口感十分特別，也可以將食材和醬料夾在餅皮中。」巧文姐姐開心的說。）」 4.請同學練習第四段。 （四）文章結構教學 　1.指導學生以結構段（意義段）內容命名，找出各段綱要，再將綱要繪製成結構圖。 　2.講解課文結構方式，透過事件的「起因」、「經過」、「結果」進行敘述，稱為因果式結構。	10	能說出結構圖的重點（口頭評量）

美味的一堂課
- 一、開頭：巧文姐姐分享旅行時的見聞
- 二、主體
  - （一）介紹印度甩餅做法
  - （二）介紹義大利麵條形狀和醬料
  - （三）親手做壽司
- 三、結尾：上完課的感受

教學活動設計		
教學活動內容及實施方式	時間	備註
3.觀察記敘文結構特徵:(1)一段一個重點。(2)開頭、主體段均為真實的經歷,結尾段寫出作者感受。(3)主體段內容要與題目相關。(4)各段順序編排合理。 (五)完成習作第四題,並請學生口述分享。 (第四節結束)		完成習作(實作評量、口頭評量)
八、特殊修辭及句型語詞深究 (一)認識修辭 排比修辭 (1)沒想到平常吃的義大利麵條,竟然有各式各樣的造型,有的像蝴蝶,有的像車輪,有的像貓耳朵⋯⋯令人大開眼界。 (2)我還吃到不同醬料的義大利麵,紅醬的酸甜,白醬的濃郁,青醬的香氣,到現在還是讓我念念不忘呢! (二)認識句型 1.並列句:一邊⋯⋯一邊⋯⋯ 影片中的人先將餅皮一邊在桌面拍打,一邊向空中拋,小小的餅皮漸漸變得又大又薄。 2.轉折句:沒想到⋯⋯竟然⋯⋯ 沒想到平常吃的義大利麵條,竟然有各式各樣的造型。	5 10 15	能夠掌握修辭與句型特徵(口頭評量)

教學活動設計		
教學活動內容及實施方式	時間	備註
3. 遞進句：不但……也…… 　教室裡不但驚嘆聲此起彼落， 　我們也認識各地的美食文化。 （三）認識嘆詞 　嘆詞：啊！ 　啊！沒想到平常吃的義大利麵 　條，竟然有各式各樣的造型。 （四）講解習作第三、五題作答方式。 　　（第五節結束）	5	
九、口語表達練習 （一）教師引導學生回答文章介紹各 　　種美食的方式，歸納出本文以 　　「感官摹寫」的方式敘寫文章 　　內容。 （二）教師引導學生模仿「感官摹寫」 　　的方式，介紹一項夜市食物。 十、寫作教學 （一）教師複習本文的寫作方式採用 　　因果式結構安排段落內容。 （二）大綱設計 　　指導學生模仿文本結構，利用 　　三樣夜市美食設計寫作綱要。 （三）段落寫作指導 　　指導學生參考課文第二段，學 　　習視覺摹寫：將自己對於周遭 　　景觀或事物的各種感覺，細膩 　　詳實的形容描述出來。 　　（第六節結束）	10 30	能夠流暢地表達 課文及夜市食物 （口頭評量） 能夠設計因果式 大綱的寫作方式 （實作評量）

教學活動設計		
教學活動內容及實施方式	時間	備註
十一、寫字教學 （一）教師以國字「咖、哩、吃」三字講解口字旁及左右結構字之特徵。 （二）教師範寫「咖、哩、吃」的筆法、字體。 （三）學生習寫，教師行間巡視指導。 （四）展示學生作品，相互觀摩。 （五）教師講評並收回作品批閱。 （六）指導學生整理書寫用具和清潔教室。 （第七節結束）	6 4 20 3 3 4	能夠專心聆聽教師講解字體結構（觀察評量） 能正確習寫毛筆字（實作評量） 能清潔文具及環境（實作評量）
參、綜合活動 一、整理歸納 （一）本課的文體為何？如何判定？ （二）本課課文的主要內容為何？結構方式為何？ （三）本課的主旨為何？ 二、評量訂正 教師發下評量卷，評量學習成果並檢討試卷。（附件二） （第八節結束）	10 30	能夠正確回答問題（口頭評量） 能夠正確作答（紙筆評量）

附件：預習單、評量卷、課文

附件一

預習單

康軒國語第七冊第七課〈美味的一堂課〉預習單

請先閱讀第七課〈美味的一堂課〉課文，完成以下預習單。

題目	作答區
一、記敘文有時間、地點、人物、事件四個要素。請你從第一段裡，找出四個要素。	時間： 地點： 人物： 事件：
二、記敘文有寫人、敘事、狀物、記景四個類別，請你閱讀完文章後，想一想本文應該屬於哪一個類別？	
三、請你從課文中，找出或推測出第一個自然段到第四個自然段中出現的美食。	1. 2. 3.
四、你覺得「教室裡 不但 驚嘆聲此起彼落，我們 也 認識各地的美食文化。」這個句子出現「不但……也……」是屬於哪一種關係的句子？請勾選出正確答案。	☐ 並列關係 ☐ 因果關係 ☐ 遞進關係

附件二

評量卷

康軒國語第七冊第七課〈美味的一堂課〉評量卷

班級：四年__班　座號：____　姓名：_____

一、寫注音(10%)

題目	寫出注音
「印」度	
「醬」料	
濃「郁」	
「壽」司	
「咖」哩	

二、請寫出以下同音、形近字的部首、注音，並造一個詞語
　　(30%)

題目	寫出部首	寫出注音	寫出詞語
薄			
簿			
醬			
漿			
獎			

三、照樣寫短語、句子(10%)

滿滿的喜悅與成就感	
餅皮漸漸變得又大又薄	

四、文意理解(30%)

答案	題目
	1.「餅皮漸漸變得又大又薄。」句子中的「薄」是什麼意思？ (1)鄙視、不尊重 (2)稀疏的、淡的 (3)微不足道的、卑下的 (4)扁平物體表面與底面之間距離小的
	2.下列哪一個詞語是「香氣濃烈」的意思？ (1)芬郁 (2)濃郁 (3)蔥郁 (4)鬱郁
	3.下列國家與美食的配對何者正確？ (1)日本／甩餅 (2)印度／咖哩 (3)泰國／壽司 (4)義大利／臭豆腐
	4.下列哪組詞語的意思相似？ (1)喜悅／愉悅 (2)見聞／新聞 (3)念念不忘／過目不忘 (4)大開眼界／別具慧眼
	5.「啊□沒想到平常吃的義大利麵條□竟然有各式各樣的造型□有的像蝴蝶□有的像車輪□有的像貓耳朵……」五個□依序應填入哪些標點符號？ (1)，，，，， (2)！。。，。 (3)。，，，， (4)！，，，，
	6.「這間便利商店□□有霜淇淋，□有思樂冰。」 (1)雖然／但 (2)因為／而 (3)不但／也 (4)如果／就
	7.巧文姐姐介紹美食的順序為何？ (1)印度烙餅→日本壽司→義大利麵 (2)義大利麵→日本壽司→印度烙餅 (3)義大利麵→印度烙餅→日本壽司 (4)印度烙餅→義大利麵→日本壽司

答案	題目
	8.本課課文利用事件的「起因」、「經過」、「結果」進行敘述，這種組織方式，稱為什麼結構？ (1)時間式 (2)方位式 (3)因果式 (4)事件式
	9.下列選項對印度甩餅的敘述何者錯誤？ (1)有各式各樣的造型。 (2)Q軟的口感十分特別。 (3)會將餅皮烙一下再沾些咖哩。 (4)可以將食材和醬料夾在餅皮中。
	10.本課文章告訴我們什麼事？ (1)要多吃美食。 (2)要如何做義大利麵。 (3)壽司只有自己做的才好吃。 (4)透過認識各地美食，可以讓我們尊重各國文化。

五、造句(20%)

一邊……一邊……	
沒想到……竟然……	
不但……也……	
啊！……	

課文

美味的一堂課

　　星期二下午，老師請美食作家巧文姐姐到班上和大家分享旅行時難忘的見聞。

　　首先，巧文姐姐放了一段有趣的「特技表演」影片。只見影片中的人先將餅皮一邊在桌面拍打，一邊向空中拋，小小的餅皮漸漸變得又大又薄。然後，他將餅皮烙一下再沾些咖哩，請大家享用。「這就是有名的『印度甩餅』。Q軟的口感十分特別，也可以將食材和醬料夾在餅皮中。」巧文姐姐開心的說。

　　接著，巧文姐姐分享在義大利旅遊的見聞。她興奮的說：「啊！沒想到平常吃的義大利麵條，竟然有各式各樣的造型，有的像蝴蝶，有的像車輪，有的像貓耳朵……令人大開眼界。此外，我還吃到不同醬料的義大利麵，紅醬的酸甜，白醬的濃郁，青醬的香氣，到現在還是讓我念念不忘呢！」我一面看著影片，一面聽著她的說明，真希望也能吃吃看道地的義大利麵。

　　巧文姐姐又分享許多國家別具特色的美食，最後，她帶著我們動手做日本的國民美食——壽司。我們在醋飯上加入自己喜愛的食材，再利用工具做出壽司。大家享用著自己親手做的料理，心裡有滿滿的喜悅與成就感。

　　看到我們的表情，巧文姐姐也雀躍的說：「有的人喜歡用文字來認識未知的國度，有的人喜歡以照片來記下美好的旅程，而我最喜歡透過味覺來探索多元的文化！」

　　這個下午，教室裡不但驚嘆聲此起彼落，我們也認識各地的美食文化，真是讓人難忘的「美味的一堂課」。

參考文獻

王玲玲（1995）。**詞彙教學與詞彙的習得**。輯於第一屆小學語文課程教材教法國際學術研討會論文集。國立臺東師範學院。

布裕民、陳漢森（1998）。**文體寫作指導**。書林。

朱作仁、祝新華（2001）。**小學語文教學心理學導論**。上海教育。

朱艷英（1994）。文章寫作學──文體知識部分。麗文文化。

吳敏而（1994）。摘取文章大意的教材教法。**國民小學國語科教材教法研究**，第三輯，93-107。

吳鼎（1991）。**兒童文學研究**。遠流。

林文寶（1987）。**兒童文學故事體寫作論**。復文。

林守為（1989）。**兒童文學**。五南。

林宜真（1997）。識字困難學生之教學策略。**特教園丁，13(1)**，36-39。

林秋人（2007）。**高考議論文和議論性散文全程訓練**。福建教育。

林海音（2020）。**請到我的家鄉來（第三版）**。小魯。

林清山譯（1990）。**教育心理學──認知取向**。Richard E. Mayer著。遠流。

金振邦（1995）。**文章體裁辭典**。麗文文化。

柯華葳（1994）。從心理學觀點談兒童閱讀能力的培養。華文世界，**74**，63-67。

柯華葳（1999）。**閱讀能力的發展**。載於曾進興主編語言病理學基礎（第三卷）。心理。

柯華葳（2006）。**教學閱讀力**。天下雜誌。

柯遜添（1992）。**注音符號教學的基本觀念愈準備律**。輯於注音符號教學手冊（第四版）。教育部。

胡建雄（1992）。**國語首冊注音符號教學研析**。輯於注音符號教學手冊（第四版）。教育部。

倪文錦、謝錫金（2006）。**新編語文課程與教學論**。華東師範大學。

唐朝闊、王群生（2000）。**現代漢語**。高等教育。

徐雪貞（1991）。故事花的傳說。**故事大王**，**10**，80-87。

國立編譯館（1978）。**國語說話教學指引**。國立編譯館。

康軒文化事業股份有限公司（2024）。**國小國語第八冊**。康軒文化。

張郁雯、詹益綾、林欣佑（2023）。**PIRLS 2021 臺灣四年級學生閱讀素養國家報告**。國立臺北教育大學。

教育部（1975）。**國民小學課程標準**。教育部。

教育部（1992）。**注音符號教學手冊（第四版）**。教育部。

教育部（1993）。**國民小學國語課程標準**。教育部。

教育部（2001）。**國民中小學九年一貫課程暫行綱要 —— 語文學習領域**。教育部。

教育部（2003）。國民中小學九年一貫課程綱要——語文學習領域本國語文（國語文）。臺北：教育部。2010年10月23日取自：http://www.edu.tw/files/site_content/b0056/mandarin.doc。

教育部（2008）。國民中小學九年一貫課程綱要語文學習領域（國語文）。教育部。2010年10月23日取自：http://www.edu.tw/files/site_content/B0055/國語文970505（定稿）.doc。

教育部（2011）。國民中小學九年一貫課程綱要語文學習領域（國語文）。2011年11月19日取自：http://www.edu.tw/files/site_content/B0055/國語文課綱1000406.doc。

教育部（2014）。十二年國民基本教育課程發展指引。教育部。

教育部（2014）。十二年國民基本教育課程綱要總綱。教育部。

教育部（2018a）。十二年國民基本教育課程綱要國民中小學暨普通型高級中等學校語文領域——國語文。教育部。

教育部（2018b）。十二年國民基本教育課程綱要國民中小學暨普通型高級中等學校語文領域——國語文課程手冊。教育部。

梁頌（2008）。高中生議論文分類輔導大全。北京郵電大學。

陳弘昌（1991）。國小語文科教學研究。五南。

陳正治（2008）。國語文教材教法。五南。

陳麗雲（2022）。**麗雲老師的修辭遊戲課1：聯想搖滾樂**。五南。

曾世杰（2004）。**聲韻覺識、唸名速度與中文閱讀障礙**。心理。

程祥徽、田小琳（2015）。**現代漢語（修訂版）**。書林。

楊裕貿（2022）。**教案編寫**。輯於國語文教學理論與應用（第三版）。洪葉。

楊蔭滸（1990）。**文章結構論**。吉林文史。

葉晨（2008）。**中學生議論文全功能手冊**。廣西師範大學。

褚斌杰（1991）。**中國古代文體學**。學生書局。

劉冬岩（2012）。非連續文本的涵義及特徵。**福建新教師，4**，26。

劉孟宇（1989）。**寫作大要**。新學識文教。

劉忠惠（1996）。**寫作指導（下）文體實論**。麗文文化。

鍾聖校（1990）。**認知心理學**。心理。

魏聰祺（2015）。**修辭學**。五南。

羅秋昭（2003）。**國小語文科教材教法**。五南。

Mandler, J. M. & Johnson, N. S. (1977). Remembrance of things parsed: Story structure and recall. *Cognitive Psychology, 9(1)*, 111-151.

Palinsar, A. S., & Brown, A. L.(1984). Reciprocal teaching of comprehension-fostering and comprehension-monitoring activities. *Cognition and Instruction,1*,117-175.

Rumelhart, D. E. (1975). *Note on a schema for stories. In D. G. Bobrow & A. Collins* (Eds.), Representation and understanding . New York: Academic Press.

國家圖書館出版品預行編目(CIP)資料

羊與貓的旅行：看見國語課堂教學的新風景/
楊裕貿著. -- 初版. --臺北市：五南圖書出
版股份有限公司, 2024.09
　面；　公分
ISBN 978-626-393-727-7(平裝)

1.CST：漢語教學　　2.CST：教材教學
3.CST：中小學教育

523.311　　　　　　　　　　113012809

1XNZ

羊與貓的旅行：
看見國語課堂教學的新風景

作　　者－楊裕貿

企劃主編－黃文瓊

責任編輯－吳雨潔

文字校對－簡彥姈

封面設計－姚孝慈

內文排版－賴玉欣

出 版 者－五南圖書出版股份有限公司

發 行 人－楊榮川

總 經 理－楊士清

總 編 輯－楊秀麗

地　　址：106臺北市大安區和平東路二段339號4樓

電　　話：(02)2705-5066　傳　　真：(02)2706-6100

網　　址：https://www.wunan.com.tw

電子郵件：wunan@wunan.com.tw

劃撥帳號：01068953

戶　　名：五南圖書出版股份有限公司

法律顧問：林勝安律師

出版日期：2024年 9 月初版一刷
　　　　　2024年11月初版三刷

定　　價：新臺幣420元

本書所引用課文、圖片，經康軒文教
事業股份有限公司、陳肇宜先生、
吳詩茵女士、劉侃先生授權使用。

經典永恆・名著常在

五十週年的獻禮——經典名著文庫

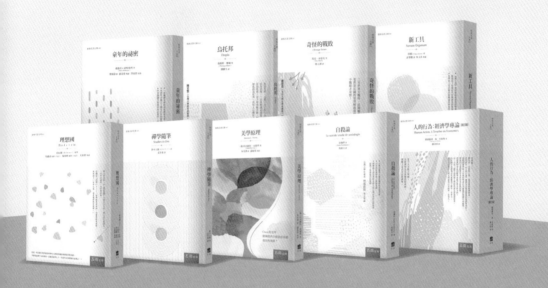

五南，五十年了，半個世紀，人生旅程的一大半，走過來了。

思索著，邁向百年的未來歷程，能為知識界、文化學術界作些什麼？

在速食文化的生態下，有什麼值得讓人雋永品味的？

歷代經典・當今名著，經過時間的洗禮，千錘百鍊，流傳至今，光芒耀人；

不僅使我們能領悟前人的智慧，同時也增深加廣我們思考的深度與視野。

我們決心投入巨資，有計畫的系統梳選，成立「經典名著文庫」，

希望收入古今中外思想性的、充滿睿智與獨見的經典、名著。

這是一項理想性的、永續性的巨大出版工程。

不在意讀者的眾寡，只考慮它的學術價值，力求完整展現先哲思想的軌跡；

為知識界開啟一片智慧之窗，營造一座百花綻放的世界文明公園，

任君遨遊、取菁吸蜜、嘉惠學子！